Fatti per Bambini

CHARLOTTE GIBBS

© Copyright 2021 - Tutti i diritti riservati.

Il contenuto di questo libro non può essere riprodotto, duplicato o trasmesso senza l'autorizzazione scritta diretta dell'autore o dell'editore.

In nessun caso sarà attribuita alcuna colpa o responsabilità legale all'editore, o all'autore, per eventuali danni, risarcimenti o perdite monetarie dovuti alle informazioni contenute in questo libro, direttamente o indirettamente.

Note legali:
Questo libro è protetto da copyright. È solo per uso personale. Non è possibile modificare, distribuire, vendere, utilizzare, citare o parafrasare alcuna parte o il contenuto di questo libro senza il consenso dell'autore o dell'editore.

Clausola di esclusione della responsabilità:
Le informazioni contenute in questo documento sono destinate esclusivamente a scopo educativo e di intrattenimento. È stato fatto tutto il possibile per presentare informazioni accurate, aggiornate, affidabili e complete. Non è espresso o è implicito alcun tipo di garanzia. I lettori riconoscono che l'autore non è impegnato a fornire informazioni di carattere legale, finanziario, medico o professionale. Il contenuto di questo libro è stato ricavato da varie fonti. Si prega di consultare un professionista autorizzato prima di tentare qualsiasi tecnica descritta in questo libro.

Con la lettura di questo documento, il lettore accetta che in nessun caso l'autore è responsabile di eventuali danni, diretti o indiretti, dovuti a seguito dell'uso delle informazioni contenute in questo documento, inclusi, ad esempio, errori, omissioni o inesattezze.

Indice

Introduzione 4

Capitolo 1: Gli Animali
Animali domestici 5
Pesci 6
Anfibi 7
Uccelli 8
Creature dell'oceano 9
Marsupiali 9
Mammiferi 10
Rettili 11
Insetti 12
Dinosauri 13

Capitolo 2: Lo Spazio
Pianeti 14
Stelle 14
Sole 15
Luna 16
Comete 16
Astronauti 17
Buchi neri 18
Asteroidi 18
Fatti Bonus 19

Capitolo 3: Il Mondo
Continenti 21
Antartide 22
Stati 22
Montagne 23
Bandiere 24
Culture diverse 25
Tradizioni inaspettate 25
Moda 26
Denaro 27
Fatti Bonus 27

Capitolo 4: Gli Sport
Le Olimpiadi 28
Sport con la palla 29
Sport acquatici 29
Sport sulla neve 30
Ciclismo 30
Corsa 31
Boxe 31
Corse automobilistiche 32
Fatti Bonus 33

Capitolo 5: Il Cibo
Frutta 34
Verdura 35
Frutta secca 36
Fatti Bonus 37

Capitolo 6: Il Meteo
Vento 38
Nuvole 39
Pioggia 39
Fulmini 40
Tempeste, Uragani e Tornado 40
Fatti Bonus 41

Capitolo 7: Il Corpo Umano
Ossa 43
Muscoli 43
Cervello 44
Pelle 45
Capelli e Unghie 45
Digestione 46
Occhi e Denti 47
Cuore e Sangue 47
Corpo 48
Sonno e Sogni 48

Capitolo 8: Le Scienze
Chimica 49
Informatica 50
Biologia 51
Elettricità 51
Matematica 52
Geologia 52
Archeologia e Paleontologia 53
Aviazione 54

Capitolo 9: La Storia
Medioevo 55
Antica Grecia 56
Antica Roma 57
Egizi 57
Vichinghi 58
Antica Cina 59
Le due guerre mondiali 59
Selvaggio West 60
Natale 61
Fatti Bonus 62

Capitolo 10: L'Oceano
I nostri mari 63
Correnti 64
Onde 65
Vita marina 65
Isole 66
Naufragi 66
Fatti Bonus 67

Capitolo 11: Le Piante
Piante commestibili 68
Fiori 69
Alberi 70
Semi 71
Erbe e Spezie 72
Fatti Bonus 73

Conclusioni 74

INTRODUZIONE

Benvenuto a Fatti per Bambini! In questo libro troverai oltre 1000 fatti su argomenti molto diversi tra loro, come gli animali, le piante, la scienza o la storia.

Qual è l'albero più grande del mondo? Qual è la città con il nome più difficile? Quante navi affondate ci sono in tutti gli oceani? In questo libro troverai le risposte a queste e a molte altre domande che ti sorprenderanno e accenderanno la tua curiosità. Immagina quante cose potrai condividere con i tuoi amici e parenti!

La parte migliore è che sarai in grado di ricercare i fatti più interessanti e potrai trovarne molti altri da solo, perché il mondo è pieno di curiosità che aspettano solo di essere scoperte.

Ecco il primo fatto del libro: ti divertirai un sacco a leggerlo!

Sei pronto a scoprire quali sono gli altri 1000? Cominciamo!

Capitolo 1:
GLI ANIMALI

Animali domestici

1. Cani e gatti hanno un'impronta nasale unica, proprio come le nostre impronte digitali.
2. Il cuore di un gatto batte a una velocità doppia rispetto al nostro.
3. I denti di un coniglio non smettono mai di crescere.
4. I cani più veloci della Terra sono i levrieri, che corrono a 70 chilometri all'ora.
5. Tutti i gattini nascono con gli occhi azzurri, poi cambiano colore circa due settimane dopo la loro apertura.
6. Un cane può sentire suoni quattro volte più lontani di una persona.
7. I cani possono anche sentire l'odore di cose che si trovano a più di 20 chilometri di distanza.
8. I conigli si contorcono in aria quando sono felici e questo salto è chiamato *binky*.
9. Una coppia di gatti e i loro piccoli possono dare alla luce 420.000 gattini in sette anni.
10. Un gruppo di gatti si chiama colonia e un gruppo di gattini è una cucciolata.
11. I segugi hanno fino a 300 milioni di recettori olfattivi nel loro naso, mentre noi ne abbiamo solo 5 milioni.
12. I gatti camminano con le zampe in tandem, il che significa che la zampa anteriore sinistra si muove contemporaneamente alla zampa posteriore sinistra.
13. Gli unici altri animali che camminano in tandem sono le giraffe e i cammelli.
14. I cani sudano attraverso il naso e i cuscinetti delle zampe.
15. In inglese i cuccioli di coniglio si chiamano *kittens*, proprio come i gattini.

Pesci

16. La maggior parte dei pesci non ha le palpebre, non ne ha bisogno per mantenere gli occhi umidi.

17. Gli squali sono gli unici pesci in grado di sbattere le palpebre.

18. La maggior parte dei pesci è a sangue freddo, a differenza di noi che siamo a sangue caldo. Ciò significa che adattano la loro temperatura corporea a quella dell'ambiente circostante.

19. I tonni e alcuni squali hanno il sangue caldo, proprio come noi!

20. Il pesce vela può nuotare fino a 110 chilometri all'ora. È veloce come un uragano!

21. I pesci hanno un sistema sensoriale chiamato linea laterale che li aiuta a percepire qualsiasi vibrazione intorno a loro per orientarsi nel buio.

22. Chi si occupa dello studio dei pesci è conosciuto come ittiologo.

23. I pesci esistono da oltre 500 milioni di anni, ancora prima dei dinosauri!

24. I pesci non hanno i polmoni per respirare l'aria, ma assorbono l'ossigeno presente nell'acqua.

25. Per ricevere l'ossigeno, fanno entrare molta acqua attraverso la bocca e le branchie.

26. I pesci possono tossire, ma non starnutire.

27. Tutti i pesci sono vertebrati, il che significa che hanno una spina dorsale.

28. Tutti i pesci pagliaccio di un banco sono maschi, tranne il più grande, che è una femmina.

29. Se una femmina di pesce pagliaccio muore, il maschio dominante cambia sesso e prende il suo posto.

30. I pesci possono cambiare sesso da maschio a femmina o da femmina a maschio, ma solo una volta perché il cambiamento è permanente.

Anfibi

31. Le rane escono dalle uova.
32. Le rane appena nate sono chiamate girini.
33. I girini hanno coda e branchie al posto di zampe e polmoni. Le sviluppano quando diventano adulti.
34. I girini dal dardo velenoso sono trasportati sul dorso della madre.
35. I girini di una rana toro possono diventare lunghi come banane.
36. In inglese il girino è chiamato *tadpole* o *polliwog*.
37. Ci sono anfibi che sembrano vermi o serpenti perché non hanno arti. Si chiamano cecilie.
38. L'anfibio più grande del mondo è la salamandra gigante cinese.
39. La salamandra gigante cinese può raggiungere 1 metro e 20 centimetri di lunghezza e pesare 30 chilogrammi. È più grande di un bambino di sette anni!
40. La rana più grande al mondo è una specie in via di estinzione chiamata rana golia.
41. La rana golia pesa quasi 3 chilogrammi. Riesci a immaginare una rana delle dimensioni di un chihuahua?
42. Il vertebrato più piccolo del mondo è una rana che vive in Oceania.
43. Questa minuscola rana è lunga solo 0,7 centimetri, persino più piccola di una zanzara!
44. Le rane non possono vivere nell'acqua salata.
45. Un gruppo di rane si chiama esercito.

Uccelli

46. Gli uccelli hanno il sangue caldo, proprio come noi!

47. Sono i discendenti diretti dei dinosauri del Giurassico.

48. Gli uccelli depongono uova di varie dimensioni e colori, non solo bianche.

49. Le loro ossa sono cave, il che le rende più leggere e permette loro di volare più facilmente.

50. Struzzi, emù, kiwi e pinguini non possono volare.

51. L'uccello più piccolo del mondo è il colibrì ape, che misura solo 5 centimetri.

52. Gli struzzi sono gli uccelli più grandi, con un'altezza di oltre 2 metri e mezzo, potrebbero raggiungere il soffitto di una casa!

53. Gli uccelli hanno delle creste che li aiutano ad afferrare il cibo perché non hanno denti.

54. Non avendo i denti, ingoiano il cibo intero.

55. A differenza di quello dell'uomo, lo stomaco degli uccelli è diviso in due parti.

56. La seconda parte si chiama ventriglio e serve a macinare il cibo.

57. L'uccello che vola più in alto è una specie di avvoltoio, che può raggiungere un'altitudine di 11.000 metri. L'altezza di un aereo!

58. Gli uccelli si puliscono le piume con il becco e le zampe. Questa operazione si chiama lisciare.

59. Fanno anche regolarmente bagni nell'acqua, nella polvere o nella sabbia per eliminare i parassiti.

60. Alcuni uccelli migrano ogni anno, viaggiando fino a 65.000 chilometri da una parte all'altra del mondo.

Creature dell'oceano

61. I cavallucci marini sono gli unici animali in cui sono i maschi a dare alla luce i piccoli.

62. Le meduse e i gamberi non sono affatto pesci. Stranamente, i cavallucci marini lo sono!

63. Il pesce più grande del mondo è lo squalo balena.

64. Gli squali balena raggiungono i 12 metri di lunghezza e pesano quasi 19 tonnellate. È quanto un autobus a due piani.

65. Quando i muscoli si muovono, emettono piccole quantità di elettricità che gli squali possono rilevare grazie a uno strano organo di cui sono dotati, chiamato ampolla di Lorenzini.

66. Contrariamente a quanto si pensa, le anguille non sono aggressive quando aprono e chiudono la bocca: è il loro modo di respirare.

67. I granchi boxer tengono tra le chele gli anemoni di mare come se fossero dei pompon.

68. In realtà li stanno nutrendo in cambio di protezione, poiché gli anemoni sono velenosi.

69. Sebbene siano velenosi, non dobbiamo preoccuparci della maggior parte degli anemoni perché sono quasi tutti innocui per l'uomo.

70. Un polpo ha tre cuori.

71. I delfini dormono con un occhio aperto.

72. Lo fanno perché devono rimanere semi svegli per non annegare nel sonno, visto che non riescono a respirare sott'acqua.

73. Le anguille elettriche producono elettricità sufficiente ad accendere diverse lampadine.

74. Il gambero ha il cuore nella testa.

75. In caso di ferita, le stelle marine possono far ricrescere le proprie braccia e alcune possono addirittura far crescere il proprio corpo da un solo braccio!

Marsupiali

76. I marsupiali sono mammiferi che portano i loro cuccioli in un marsupio.

77. I loro piccoli si chiamano *joey*.

78. I joey stanno nel grembo della madre solo per un mese prima di nascere. Escono piccoli come una caramella e completamente ciechi!

79. Dei quasi 5.500 mammiferi esistenti, solo 334 circa sono marsupiali.

80. Il 70-75% dei marsupiali si trova nel continente australiano.

81. Il restante 25-30% si trova in America, mentre non ci sono marsupiali negli altri continenti.

82. I canguri e i koala sono alcuni esempi di marsupiali.

83. I koala mangiano le foglie velenose dell'eucalipto perché nell'intestino hanno microbi speciali che permettono loro di digerirle senza stare male.

84. I cuccioli di koala non hanno ancora questi microbi quando nascono, quindi mangiano la cacca della mamma.

85. Le femmine dei marsupiali hanno due uteri. Tutti gli altri mammiferi ne hanno uno solo.

86. La maggior parte dei marsupiali è notturna (dormono durante il giorno).

87. I canguri rossi possono saltare sopra cose alte 3 metri.

88. I canguri rossi sono anche i marsupiali più grandi del mondo.

89. Le specie più piccole di canguri sono chiamate *wallaby*.

90. Il canguro maschio è noto come *boomer*, mentre la femmina è chiamata *flyer*.

Mammiferi

91. Tutti i mammiferi hanno i peli o la pelliccia, compresi i delfini e le balene prima di nascere.

92. Gli ornitorinchi e i formichieri spinosi sono gli unici mammiferi che non partoriscono piccoli vivi, ma depongono le uova!

93. Il più grande mammifero è la balenottera azzurra, grande quasi come un aereo!

94. Il più piccolo è il pipistrello bombo, che ha le dimensioni del nostro dito mignolo.

95. Se si prendono in considerazione solo i mammiferi terrestri, il più grande di tutti è l'elefante.

96. I cuccioli di elefante possono alzarsi in piedi già 20 minuti dopo la nascita.

97. Nel mondo ci sono più ratti e topi di qualsiasi altro mammifero, compreso l'uomo.

98. I pipistrelli sono gli unici mammiferi in grado di volare.

99. I formichieri non hanno i denti.

100. I piccoli di delfino non dormono per il primo mese di vita.

101. Il latte degli ippopotami è rosa.

102. I panda mangiano 30 chili di bambù al giorno.

103. La lingua di una giraffa è lunga 50 centimetri.

104. Alcune talpe possono scavare buche profonde fino a 90 metri in una sola notte.

105. I mammiferi più dormiglioni sono i koala, che dormono quasi 22 ore al giorno.

Rettili

106. I rettili fanno la pipì e la cacca dallo stesso posto, chiamato cloaca.

107. Le tartarughe e le testuggini sono rettili.

108. Le tartarughe possono vivere nell'acqua, sulla terraferma o in entrambi i luoghi, mentre le testuggini sono solo terrestri e non sono in grado di vivere nell'acqua.

109. I tuatara sono rettili che vivono in Nuova Zelanda e, sebbene assomiglino alle iguane, sono una specie completamente diversa.

110. I serpenti a sonagli e i boa constrictor non depongono le uova come la maggior parte dei serpenti, ma partoriscono piccoli vivi!

111. I coccodrilli possono vivere di un solo pasto per mezzo anno, se necessario.

112. Le iguane verdi si congelano quando la temperatura è inferiore a 40 gradi Fahrenheit. Se si trovano su un albero, possono cadere come un sasso. Per fortuna, una volta che si riscaldano si muovono come se nulla fosse.

113. Le tartarughe seppelliscono le uova. Dalle uova più calde in alto nascono le femmine, mentre da quelle più fredde in basso escono i maschi.

114. La tartaruga di Aldabra può vivere 150 anni.

115. I serpenti e le lucertole annusano con la lingua.

116. I polmoni delle tartarughe sono attaccati all'interno della parte superiore del guscio.

117. I coccodrilli d'acqua salata sono i rettili più grandi del mondo, quasi quattro volte più grandi di una persona adulta!

118. I coccodrilli non possono tirare fuori la lingua perché è attaccata al fondo della bocca.

119. In Nuova Guinea e nelle Isole Salomone esiste una specie di lucertole che non ha il sangue rosso, ma verde.

120. I camaleonti non cambiano colore per mimetizzarsi, ma per comunicare e regolare la propria temperatura corporea. I colori più chiari servono a raffreddarsi e viceversa.

Insetti

121. Le api sono presenti in tutti i continenti, tranne che in Antartide.

122. Solo i grilli maschi friniscono.

123. Una coccinella nella sua vita può mangiare fino a 5.000 insetti.

124. Le ali di un'ape battono 190 volte al secondo.

125. I bruchi hanno 12 occhi.

126. Le lumache hanno quattro nasi.

127. Esiste un insetto mangiatore di formiche che spaventa i suoi predatori ammucchiando le vittime sul suo corpo.

128. Alcuni scarabei stercorari possono trascinare oltre 1.000 volte il proprio peso. È come se un essere umano trainasse una navicella spaziale di 72 tonnellate.

129. Le zanzare sono attratte dai piedi puzzolenti.

130. Alcune cicale emettono un suono di 110 decibel, pari a quello di un concerto rock!

131. Gli insetti sono invertebrati, cioè privi di spina dorsale.
132. I ragni non sono insetti, ma aracnidi.
133. Altri esempi di aracnidi sono gli scorpioni o le zecche.
134. La farfalla della regina Alessandra è la farfalla più grande del mondo.
135. Come i pesci, anche gli insetti sono a sangue freddo.

Dinosauri

136. La parola dinosauro significa "lucertola terribile".
137. Resti di dinosauri sono stati rinvenuti in tutti i continenti, compresa la gelida Antartide.
138. Il dinosauro con il nome più lungo viveva in Cina. Prova a dirlo molto velocemente: Micropachycephalosaurus.
139. Le persone che studiano i dinosauri si chiamano paleontologi.
140. Non tutti i dinosauri erano enormi, alcuni erano piccoli come polli.
141. I più grandi si nutrivano di piante, mentre quelli che mangiavano carne erano di solito più piccoli.
142. Non avevano il sangue freddo come i rettili di oggi e non avevano il sangue caldo come i mammiferi. Erano una via di mezzo.
143. Gli scienziati ritengono che il T-Rex potesse avere le piume.
144. Molte centinaia di anni fa, quando in Cina vennero trovate ossa di dinosauro, si pensò che fossero i resti di draghi giganti.
145. I dinosauri sono apparsi e si sono estinti nell'era Mesozoica, tra 250 e 65 milioni di anni fa.
146. Non tutti gli animali del Mesozoico erano dinosauri, alcuni erano rettili che spesso vengono confusi con i dinosauri.
147. Gli pterodattili sono un esempio di rettile, anche se spesso vengono erroneamente chiamati dinosauri.
148. I dinosauri marini erano in realtà rettili, nessun dinosauro si era adattato alla vita in acqua.
149. I rettili erano creature marine che si erano adattate alla terraferma. Tuttavia, alcuni di essi si erano evoluti per riadattarsi all'acqua, come gli ittiosauri.
150. Gli uccelli di oggi appartengono alla famiglia dei Velociraptor.

Capitolo 2:

LO SPAZIO

Pianeti

151. Nel nostro sistema solare ci sono otto pianeti: Mercurio, Venere, Terra, Marte, Giove, Saturno, Urano e Nettuno. Plutone non è più considerato un pianeta.

152. Puoi ricordare l'ordine dei pianeti con questo divertente aiuto mnemonico inglese: *My Very Evil Monster Just Sent Us North*.

153. Giove è il pianeta più grande e potrebbe contenere la Terra al suo interno 1.321 volte.

154. Il pianeta più piccolo è Mercurio.

155. La Terra impiega 365 giorni (1 anno) per orbitare intorno al Sole.

156. La Terra è fatta di roccia e Giove è fatto di gas.

157. Ad eccezione della Terra, tutti i pianeti del nostro sistema solare hanno preso il nome da dei e dee greci e romani.

158. Saturno è il secondo pianeta per grandezza e gli anelli che gli girano intorno sono costituiti da ghiaccio e polvere.

159. Galileo ha visto per la prima volta questi anelli con un telescopio oltre 400 anni fa.

160. Ci sono oltre 500.000 pezzi di spazzatura spaziale in orbita intorno alla Terra, comprese le chiavi inglesi lasciate cadere dagli astronauti durante la costruzione della Stazione Spaziale.

Stelle

161. Le stelle sono sfere di gas molto calde, composte principalmente da due gas chiamati elio e idrogeno.

162. L'idrogeno può trasformarsi in elio, liberando molta energia: è così che nascono le stelle.

163. Una stella può bruciare e brillare per miliardi di anni.

164. La maggior parte delle stelle nel cielo sono nane rosse, cioè stelle fredde e più piccole della metà del Sole.

165. Le stelle scintillano a causa del movimento dell'atmosfera terrestre.

166. Le stelle più piccole vivono più a lungo. Quelle giganti sono luminose, ma si consumano molto rapidamente.

167. Le stelle più piccole sono rosse e non brillano molto. Le stelle gialle sono di medie dimensioni, come il Sole. Le più grandi sono blu e sono eccezionalmente luminose.

168. Quando le stelle muoiono, provocano un'esplosione chiamata supernova che a volte può essere vista senza l'uso di alcun dispositivo.

169. La luce di alcune stelle impiega milioni di anni per raggiungere i nostri occhi, quindi noi osserviamo stelle di molto, molto tempo fa.

170. Ci sono più stelle nell'universo che granelli di sabbia su tutte le spiagge della Terra.

Sole

171. Il Sole ha circa 4,5 miliardi di anni.

172. È enorme, un milione e trecentomila volte più grande della Terra.

173. Il tramonto su Marte sembra blu.

174. La temperatura all'interno del Sole può raggiungere i 27 milioni di gradi Fahrenheit.

175. Le macchie solari sono regioni più scure che si possono vedere sulla superficie del Sole.

176. Le macchie solari hanno una forte attività magnetica e sono molto più fredde del resto del Sole.

177. Alcuni di questi campi magnetici in prossimità delle macchie solari si aggrovigliano o si incrociano, provocando un'esplosione di energia chiamata brillamento solare.

178. I brillamenti solari possono interferire con le comunicazioni radio sulla Terra.

179. La maggior parte del Sole è costituita da idrogeno, che è molto esplosivo.

180. Un'eclissi solare si verifica quando la Luna si posiziona tra la Terra e il Sole.

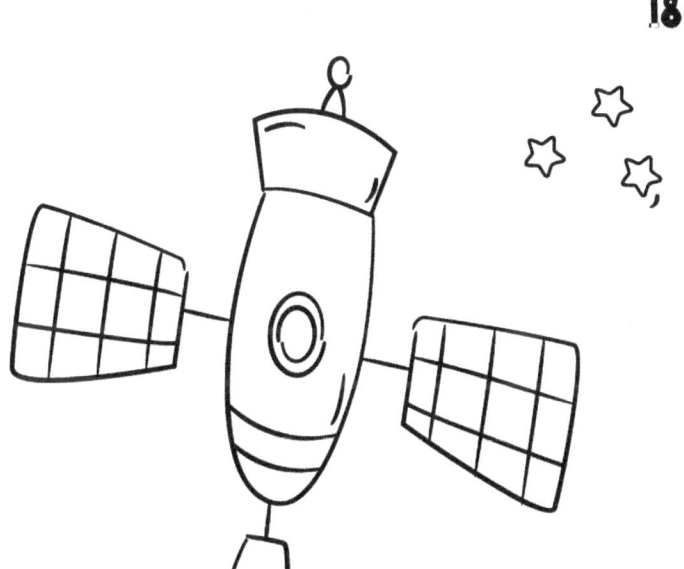

Luna

181. La Luna gira intorno alla Terra in circa 27,3 giorni.

182. Sulla Luna fa molto caldo durante il giorno (225 gradi Fahrenheit).

183. Tuttavia, la Luna è gelida di notte (-387 gradi Fahrenheit).

184. La prima persona a camminare sulla Luna fu Neil Armstrong nel 1969.

185. Comete e asteroidi hanno creato gli enormi crateri sulla superficie della Luna.

186. Sulla Luna ci sono piccole quantità di acqua.

187. Un'eclissi lunare si verifica quando la Terra si trova tra la Luna e il Sole.

188. La Luna è un satellite naturale.

189. Un satellite è un oggetto che orbita intorno a un pianeta e può essere naturale o costruito dall'uomo.

190. La Luna non ha luce propria, la vediamo illuminata perché riflette la luce del Sole.

Comete

191. Una delle comete più famose è la Cometa di Halley.

192. La cometa di Halley si avvicina alla Terra ogni 75 anni.

193. La prossima volta che sarà possibile vedere la Cometa di Halley sarà nel 2061.

194. Una cometa assomiglia a una palla di neve sporca con una lunga coda dietro di sé.

195. A volte il nostro pianeta attraversa l'orbita di una cometa. I frammenti di polvere lasciati da una cometa possono schiantarsi contro i gas che circondano la Terra.

196. Questa polvere brucia nel cielo ed è chiamata pioggia di meteoriti.

197. La parte principale di una cometa, che assomiglia a una grande palla, è chiamata nucleo.

198. Il nucleo è largo pochi chilometri ed è composto da ghiaccio, gas, polvere e roccia.

199. Se una cometa si avvicina a una stella o al Sole, il calore provoca la fuoriuscita di gas e polveri. Si forma così una nube sfocata intorno al nucleo, chiamata chioma.

200. La chioma può allungarsi molto man mano che la cometa si sposta e diventare una coda visibile in tutto il cielo.

Astronauti

201. La parola astronauta deriva dalla lingua greca e significa "marinaio delle stelle".

202. Realizzare una tuta da astronauta può costare fino a 250 milioni di dollari.

203. Solo 532 astronauti hanno viaggiato nello spazio e 12 hanno camminato sulla Luna.

204. Gli astronauti diventano più alti dopo essere stati nello spazio.

205. Gli astronauti addestrati dall'Agenzia spaziale russa sono chiamati cosmonauti.

206. Il confine dello spazio si trova a circa 100 chilometri sopra il livello del mare ed è chiamato Linea di Karman. Ecco a che altezza bisogna arrivare per entrare nello spazio!

207. Sergei Krikalev, cosmonauta russo, è stato nello spazio sei volte e vi ha trascorso quasi 804 giorni, più di ogni altro essere umano.

208. La prima cosa che gli astronauti hanno mangiato nello spazio è stata la salsa di mele.

209. Le impronte degli astronauti sulla Luna rimarranno per 100 milioni di anni.

210. Nel 2011, una bambina di dieci anni ha scoperto una supernova che nessun altro aveva visto prima, nemmeno un astronauta!

Fatti per Bambini

Buchi neri

211. I buchi neri hanno una gravità incredibilmente potente e risucchiano tutto. Nulla può sfuggire, nemmeno la luce. La gravità è la forza con cui gli oggetti molto grandi attraggono gli altri e che, ad esempio, ci mantiene sulla Terra e fa cadere le cose quando le lanciamo.

212. Al centro della maggior parte delle galassie, compresa la nostra Via Lattea, si trova un enorme buco nero.

213. I buchi neri sono invisibili, l'unico modo di sapere dove si trovano è studiare il comportamento di tutto ciò che li circonda.

214. Le supernove di stelle molto grandi liberano enormi quantità di energia e danno origine ai buchi neri.

215. Il confine di un buco nero è chiamato orizzonte degli eventi. Una volta attraversato non si può più tornare indietro!

216. I buchi neri sono molto pesanti. Uno può pesare milioni di volte la massa del Sole.

217. Non vivono per sempre ed evaporano lentamente.

218. Il centro di un buco nero è chiamato singolarità.

219. Il flusso del tempo rallenta in prossimità di un buco nero, quindi gli orologi sembrano andare più lentamente.

220. Se due buchi neri si scontrano, di solito si fondono per formarne uno più grande.

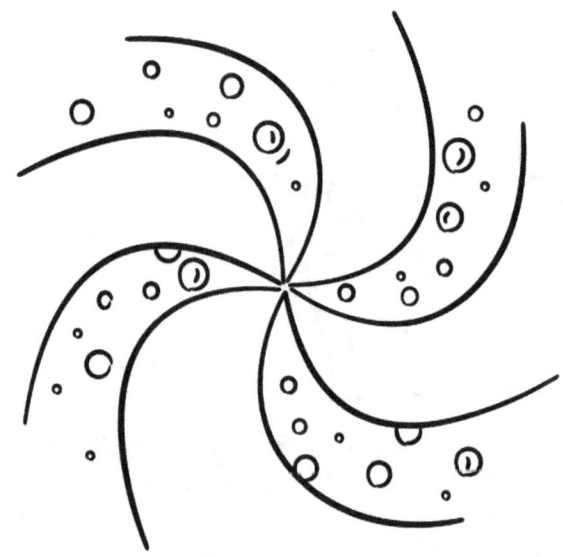

Asteroidi

221. Gli asteroidi orbitano intorno al Sole come piccoli pianeti.

222. Sono fatti di roccia e metallo.

223. Di solito sono ruvidi e hanno la forma di patate.

224. Gli asteroidi di dimensioni inferiori ai 50 metri di larghezza sono chiamati meteoroidi.

Fatti Bonus

225. Un meteoroide che entra nell'atmosfera terrestre è chiamato meteora.

226. Le stelle cadenti sono queste meteore che bruciano mentre cadono.

227. Una meteora che riesce a colpire la Terra è chiamata meteorite.

228. Ci sono molti asteroidi che orbitano intorno al Sole tra Marte e Giove, quest'area è chiamata fascia degli asteroidi.

229. La fascia degli asteroidi contiene miliardi di asteroidi, alcuni dei quali sono così grandi da essere considerati pianeti minori.

230. Gli scienziati ritengono che un asteroide abbia colpito la Terra 65 milioni di anni fa, causando l'estinzione dei dinosauri.

231. Nello spazio, le distanze si misurano in anni luce, ovvero la distanza che la luce percorrerebbe in un anno, equivalente a più di 9 miliardi di chilometri.

232. Venere è l'unico pianeta che ruota in senso orario.

233. Un giorno su Venere equivale a otto mesi sulla Terra.

234. Un cucchiaino di una stella di neutroni pesa 6 miliardi di tonnellate.

235. Giove è il pianeta che ruota più velocemente nel sistema solare.

236. Nello spazio non c'è suono.

237. Su Giove c'è una grande macchia rossa visibile dalla Terra, che è una tempesta che infuria da 200 anni.

Fatti per Bambini

238. Questa tempesta ha le dimensioni di una volta e mezza la Terra.

239. Gli Stati Uniti e la Russia si sono sfidati in una corsa allo spazio per vedere chi fosse il primo a conquistarlo e a inviare esseri umani sulla Luna.

240. La corsa allo spazio è iniziata nel 1955.

241. Il primo uomo a viaggiare nello spazio, nel 1961, è stato un cosmonauta russo: Jurij Gagarin.

242. La luna più grande di Saturno si chiama Titano.

243. La pioggia su Titano è formata da metano, quindi odora di letame.

244. I vulcani su Titano e sugli altri satelliti di Saturno eruttano ghiaccio invece che fiamme!

245. C'è un pianeta fatto di diamanti. Ma non è possibile prenderli perché si trova a più di 40 anni luce di distanza. Il Sole dista solo 0,00001 anni luce!

246. Nello spazio c'è acqua che galleggia.

247. Un'enorme nube d'acqua è stata trovata a 10 miliardi di anni luce di distanza. Ha 140.000 miliardi di volte più acqua della Terra!

248. Alcune teorie sostengono che la Luna facesse parte della Terra.

249. Su Marte c'è un vulcano che è tre volte più alto del monte Everest, si chiama Olympus Mons.

250. Venere è il pianeta più caldo con 880 gradi Fahrenheit.

Capitolo 3:

IL MONDO

Continenti

251. All'inizio della formazione della Terra, tutti i continenti erano uniti formando un supercontinente chiamato Pangea.

252. I continenti sono enormi pezzi di terra solida (sono separati dall'acqua o da altri elementi naturali come grandi montagne).

253. Si allontanano alla stessa velocità con cui crescono le unghie.

254. Nel mondo ci sono sette continenti.

255. Sono Europa, Asia, Nord America, Sud America, Australia, Antartide e Africa.

256. Il continente più grande è l'Asia.

257. L'Africa è il continente con il maggior numero di Stati: 54.

258. L'Australia è l'unico Paese che è anche un continente a sé stante.

259. In inglese i nomi di tutti i continenti terminano con la stessa lettera con cui iniziano (se non si tiene conto che l'America è divisa in Nord e Sud!).

260. L'America del Nord è l'unico continente che presenta ogni tipo di clima.

Antartide

261. Il 98% della superficie dell'Antartide è ricoperto di ghiaccio.

262. Non ci vive nessuno, ma alcuni scienziati vi trascorrono mesi di ricerca e anche alcuni turisti la visitano.

263. L'Antartide è il luogo più ventoso e freddo della Terra.

264. Cambia dimensione durante l'anno. In inverno è due volte più grande che in estate, perché gran parte dell'oceano circostante si congela.

265. In estate c'è luce per 24 ore al giorno.

266. In inverno è buio tutto il giorno e la notte!

267. In Antartide non esistono i fusi orari.

268. I pinguini di Adelia sono il tipo di pinguino più comune che vive qui.

269. Oltre ai pinguini di Adelia, nel continente antartico vivono solo i pinguini imperatore.

270. I ghiacci dell'Antartide possono essere spessi fino a quattro chilometri, per questo l'Antartide è conosciuta come il continente ghiacciato.

Stati

271. La Città del Vaticano è lo Stato più piccolo del mondo e si trova all'interno della città di Roma, in Italia.

272. La Russia è lo Stato più grande del mondo ed è quasi il doppio delle dimensioni degli Stati Uniti.

273. L'Australia è un po' più larga della Luna.

274. La Francia è lo Stato più visitato al mondo.

275. La Svezia ha più isole di qualsiasi altro Stato: quasi 270.000.

276. Nei Paesi Bassi la maggior parte delle persone preferisce andare in bicicletta piuttosto che camminare o utilizzare altri tipi di veicoli.

277. In Nuova Zelanda ci sono più famiglie con animali domestici che in qualsiasi altra parte del mondo.

278. La città più popolosa del mondo si trova in Giappone. Tokyo ha quasi lo stesso numero di abitanti di tutto il Canada.

279. La città più grande del mondo si trova negli Stati Uniti. New York è più grande di isole come Porto Rico o la Giamaica.

280. La Cina è lo Stato con il maggior numero di abitanti al mondo, seguita dall'India.

Montagne

281. La superficie della Terra è divisa in placche chiamate placche tettoniche. A seconda delle loro dimensioni, sono definite placche maggiori, minori e micropiastre. La Terra è come un puzzle!

282. Queste placche, scontrandosi tra loro, hanno formato alcune delle montagne che possiamo vedere oggi.

283. In altri casi, sono i vulcani a creare accumuli di lava che, una volta raffreddati, formano le montagne.

284. Quando le placche tettoniche si spostano, alcuni vulcani sottomarini eruttano e muovendosi lasciano file di isole, come le Hawaii.

285. La montagna più alta del mondo è l'Everest.

286. Esistono guide specializzate nell'accompagnare gli alpinisti attraverso l'Himalaya, dove si trova il monte Everest, chiamate sherpa.

287. Contrariamente a quanto potrebbe sembrare, nella discesa dal monte Everest bisogna fare più attenzione che nella salita, perché è più facile scivolare.

288. Alcune delle montagne più alte si trovano sotto il mare.

289. Il punto più alto di una montagna è chiamato cima.

290. Il Kilimangiaro è la montagna singola più alta del mondo, non fa parte di una catena montuosa e si trova in Africa.

Bandiere

291. Nel mondo ci sono 195 Stati e ognuno ha la propria bandiera.

292. La bandiera più grande mai realizzata è la bandiera nazionale rumena. Misurava 349,4 per 226,9 metri, cioè circa tre campi da calcio.

293. La bandiera del Nepal è l'unica al mondo a non avere quattro lati (è invece composta da due triangoli).

294. Due Stati hanno la bandiera quadrata: la Svizzera e la Città del Vaticano.

295. Il colore più raro da trovare su una bandiera è il viola.

296. Solo due Stati utilizzano il viola nelle loro bandiere: il Nicaragua e la Dominica.

297. La bandiera più colorata del mondo appartiene al Belize. Presenta 12 colori diversi.

298. La bandiera più antica è quella della Danimarca, utilizzata dal 1625, mentre la più recente è quella del Sudan del Sud, utilizzata dal 2010.

299. Ogni anno negli Stati Uniti vengono bruciate migliaia di bandiere in cattivo stato e non più degne di rappresentare il Paese.

300. Questo grande incendio avviene durante il Flag Day, il 14 giugno, durante una cerimonia chiamata *Ceremony for Disposal of Unserviceable Flags* (Cerimonia per l'eliminazione delle bandiere inutilizzabili).

Culture diverse

301. Ogni Paese ha culture e rituali diversi. Questo include quello che le persone indossano, la loro religione e ciò che mangiano.

302. Nel mondo esistono oltre 7.000 lingue diverse.

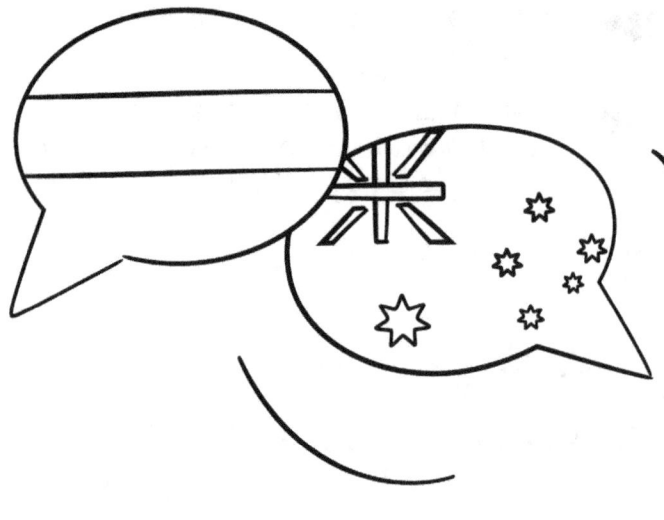

Tradizioni inaspettate

303. Questo è il più pazzesco scioglilingua inglese: sixth sick sheik's sixth sheep's sick.

304. Nella cultura cinese, il numero 4 è considerato di cattivo auspicio.

305. In Irlanda, tutti si vestono e tutto è decorato di verde per il St. Patrick's Day (festa di San Patrizio) e i festeggiamenti durano quattro giorni!

306. In Irlanda, i folletti sono creature mitologiche che indossano abiti verdi e hanno pentole d'oro nascoste alla fine degli arcobaleni.

307. Maometto è il nome più popolare al mondo.

308. 43 Stati hanno ancora famiglie reali.

309. È illegale stare a meno di 100 metri di distanza dalla regina del Regno Unito senza calzini.

310. Se mangi in Egitto, è considerato scortese chiedere del sale per il cibo.

311. In India c'è un santuario in cui i neonati vengono fatti cadere da una torre di 15 metri e presi in una rete di sicurezza, perché si crede che porti fortuna.

312. La più grande battaglia di pomodori del mondo si svolge ogni anno in Spagna e si chiama Tomatina.

313. In Indonesia, ogni anno a novembre si tiene una festa per le scimmie selvatiche. Ricevono frutta, fiori e torte!

314. In Polonia hanno l'abitudine di applaudire quando gli aerei atterrano.

315. L'Austria e altri Paesi della regione considerano il *finger pulling* uno sport serio.

316. In Danimarca, le persone che compiono 25 anni e sono ancora single partecipano a un rituale in cui vengono ricoperti di cannella.

317. In Brasile, l'avocado non viene utilizzato nelle insalate o nei panini, ma nei dessert, nei gelati o nei frullati perché lo considerano un frutto (e in effetti lo è).

318. In Spagna c'è un festival in cui si bruciano statue di cartapesta. I loro creatori impiegano un anno intero per costruirle e possono misurare oltre 20 metri.

319. Il 6 dicembre, l'Austria festeggia non solo l'arrivo di Santa Claus, ma anche quello di Krampus, il suo gemello cattivo.

320. C'è una città in Germania dove è tradizione rompere tutte le decorazioni sugli scaffali, come piatti o vasi, prima di un matrimonio. Tuttavia, sono vietati gli specchi!

Moda

321. Per produrre una sola camicia di cotone occorrono oltre 1.000 litri d'acqua, mentre per un paio di scarpe da ginnastica ne servono ben 4.500.

322. I vestiti possono impiegare oltre 40 anni per decomporsi.

323. In alcuni luoghi è comune che gli uomini indossino gonne, come toghe o kilt.

324. Nel villaggio di Spielplatz, in Gran Bretagna, la gente non indossa vestiti.

325. Nell'Europa antica, le persone indossavano scarpe alte chiamate chopine per proteggere i vestiti dalle strade sporche. Alcune erano alte 50 centimetri!

326. Nel corso del XVI e XVII secolo, le fronti spaziose erano considerate belle. Le donne si strappavano i capelli dall'attaccatura per farle sembrare più grandi!

327. Le gonne più corte apparvero con l'invenzione delle automobili, perché permettevano alle donne di entrarvi più facilmente.

328. Il nylon era raro durante la Seconda guerra mondiale, così le donne si dipingevano le gambe in modo da far sembrare che indossassero le calze.

329. Gli antichi Egizi consideravano sporchi i capelli veri. Si rasavano e indossavano parrucche eleganti.

330. Le donne dell'antica Grecia si schiarivano la pelle con il piombo! Denaro

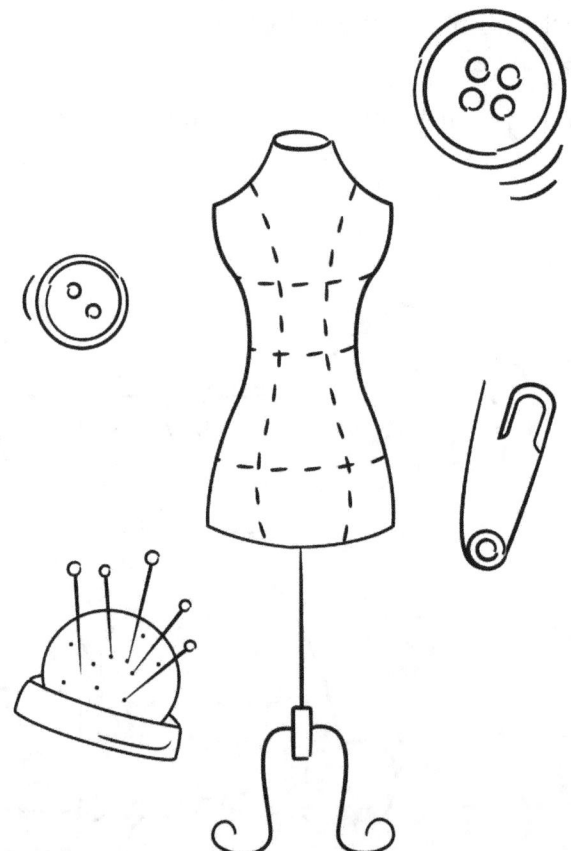

Denaro

331. Le prime monete sono state realizzate oltre 2.500 anni fa.

332. Le banconote di carta sono state create in Cina circa 1.000 anni fa.

333. Le prime carte di credito sono state utilizzate negli Stati Uniti negli anni Venti.

334. Il volto di Benjamin Franklin è stampato sulla banconota da 100 dollari.

335. Le monete e banconote antiche sono oggetti da collezione di grande valore.

336. Il motto della prima moneta degli Stati Uniti era "Mind Your Business" su un lato e "We Are One" sull'altro.

337. La banconota britannica da cinque sterline può far suonare i dischi come una puntina.

338. Una delle banconote più rare è una banconota da 1.000 dollari della fine del 1800, acquistata da un collezionista per oltre 2 milioni di dollari.

339. Ci sono più germi su una moneta che sulla tavoletta del water.

340. Ogni anno negli Stati Uniti si stampano più soldi del Monopoly che soldi veri.

Fatti Bonus

341. Il più grande deserto caldo del mondo è il Sahara, in Africa.

342. L'Artico e l'Antartide sono considerati deserti freddi e sono molto più grandi.

343. La città con il nome più difficile da pronunciare si trova in Galles: Llanfairpwllgwyngyll.

344. La California ha più abitanti di tutto il Canada.

345. Il nome originale di Los Angeles, in California, è El Pueblo de Nuestra Señora la Reina de los Angeles del Río de Porciúncula, perché era un insediamento spagnolo.

346. La Russia e gli Stati Uniti distano solo 4 chilometri nel loro punto più vicino.

347. La Russia copre ben undici fusi orari.

348. Le isole Canarie devono il loro nome ai cani, non ai canarini.

349. Le persone più basse del mondo vivono in Indonesia.

350. Il Giappone è il Paese con il maggior numero di terremoti perché si trova in un'area sismica molto attiva.

Capitolo 4:

GLI SPORT

Le Olimpiadi

351. Le Olimpiadi si svolgono negli anni bisestili (ogni quattro anni).

352. Le medaglie d'oro olimpiche sono in realtà fatte di argento e rivestite d'oro.

353. I cinque anelli della bandiera olimpica rappresentano i cinque continenti: America (del Nord e del Sud insieme), Asia, Africa, Europa e Oceania (regione che comprende l'Australia). L'Antartide non ha cittadini, quindi non partecipa.

354. Ogni edizione dei Giochi olimpici ha la propria mascotte.

355. Gli atleti con qualsiasi tipo di disabilità gareggiano ai Giochi paralimpici.

356. Le Olimpiadi sono state annullate solo durante la Prima guerra mondiale nel 1916, la Seconda guerra mondiale nel 1940 e nel 1944, e a causa del Covid-19 nel 2020.

357. Ogni edizione dei Giochi olimpici si svolge in un Paese diverso, scelto con sette anni di anticipo.

358. Il tiro alla fune è stato uno sport olimpico tra il 1900 e il 1920 e faceva parte del programma di atletica.

359. Lo sport olimpico più pericoloso è lo sci acrobatico freestyle. Gli atleti compiono salti fino a 20 metri sopra il punto di atterraggio ed eseguono acrobazie e volteggi mentre sono in aria.

360. Nelle Olimpiadi dell'antica Grecia, gli atleti gareggiavano senza vestiti.

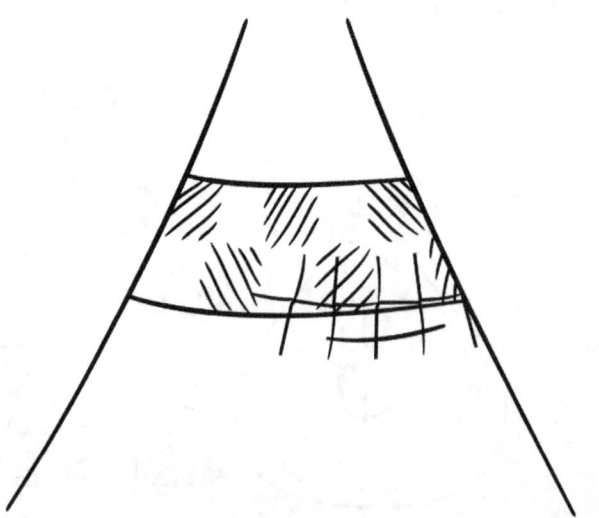

Sport con la palla

361. In un incontro di calcio gli arbitri corrono più dei giocatori. Spesso in una partita corrono più di 10 chilometri.

362. Le prime palline da golf erano in legno e venivano realizzate interamente a mano.

363. Una palla da baseball ha esattamente 108 punti di cucitura.

364. L'erba di Wimbledon è alta 5 centimetri. Era molto più alta, fino a quando un serpente ha morso un giocatore nel 1949.

365. La partita di tennis più lunga di sempre è durata 11 ore e 5 minuti in tre giorni consecutivi.

366. Nel 1957, una donna fu colpita al volto da una palla da baseball. Mentre i paramedici la portavano via, è stata colpita da una seconda palla!

367. Un tempo le palline da tennis erano bianche anziché gialle.

368. C'è un ananas in cima al trofeo di Wimbledon.

369. In occasione della partita inaugurale di ogni Coppa del Mondo di rugby, lo stesso fischietto dà inizio del torneo. Ha più di 100 anni.

370. Il gol più veloce mai segnato nel calcio ha richiesto 2,4 secondi.

Sport acquatici

371. Il nuoto sincronizzato combina nuoto, danza classica e ginnastica.

372. Alle Olimpiadi del 1928, il vincitore della gara di canottaggio batté tutti gli altri nonostante si fosse fermato per far passare una famiglia di anatre durante la gara.

373. Il tempo più lungo in cui qualcuno ha cavalcato una singola onda è stato di 37 minuti.

374. Il record per la caduta libera più alta in kayak è di 57 metri. È come cadere da un edificio di 20 piani!

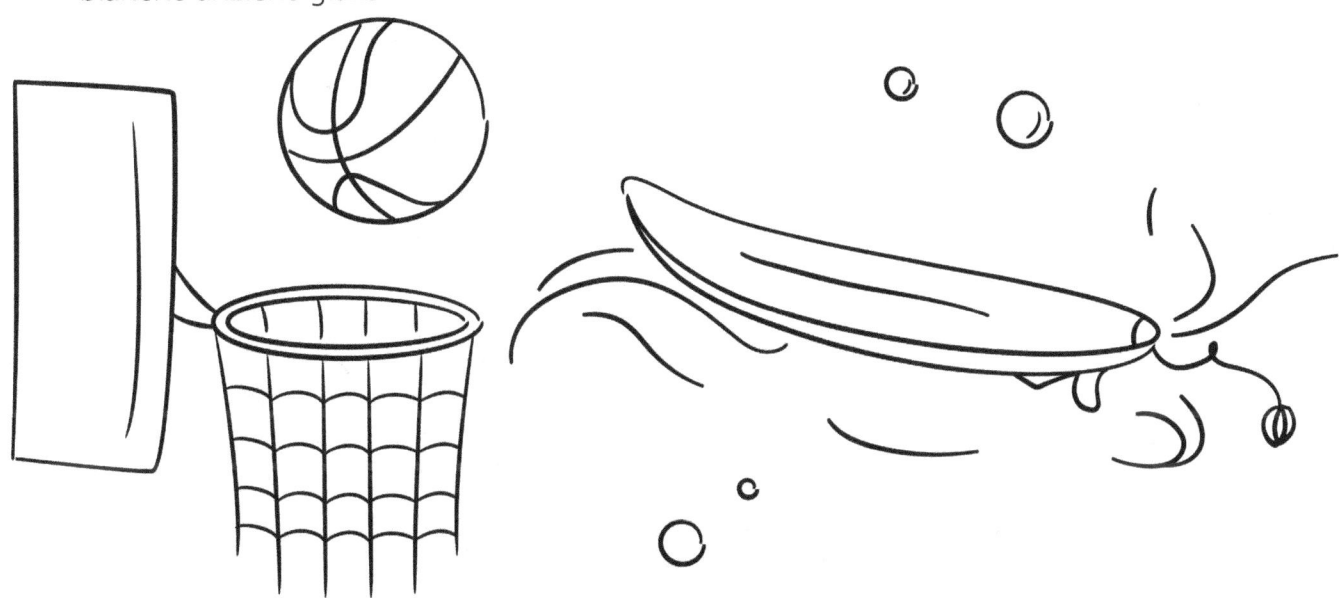

375. Più della metà delle persone nel mondo non sa nuotare.

376. La piscina più grande del mondo si trova in Cile ed è lunga più di un chilometro.

377. Il primo transatlantico con una piscina è stato il Titanic.

378. I primi occhialini da nuoto erano fatti con gusci di tartaruga.

379. Gli apneisti possono trattenere il respiro per 10 minuti.

380. Lo sport acquatico più popolare è la vela, seguita dal kitesurf.

Sport sulla neve

381. Uno snowboarder olimpico può saltare quattro piani di altezza.

382. Lo skijöring è uno sport in cui una persona sugli sci viene trainata da cani o cavalli.

383. Lo yukigassen è uno sport giapponese in cui due squadre si affrontano in una battaglia di palle di neve.

384. Il primo snowboard si chiamava snurfer.

385. Il pattinaggio su ghiaccio è stato inventato in Svezia dai vichinghi.

Ciclismo

386. La prima donna ha fatto il giro del mondo in bicicletta nel 1984, impiegando 15 mesi.

387. Ogni anno vengono prodotti oltre 100 milioni di biciclette.

388. Il tandem più lungo del mondo ospitava 35 persone ed era lungo più di 20 metri.

389. La massima velocità toccata da un essere umano in sella a una bicicletta è di 296 chilometri all'ora, raggiunta da una ciclista americana nel 2018.

390. Quindici biciclette occupano lo stesso spazio di un'automobile, sono molto meno costose da mantenere e non inquinano.

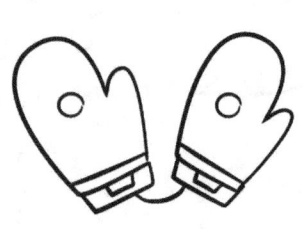
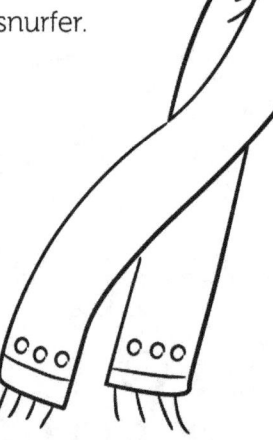
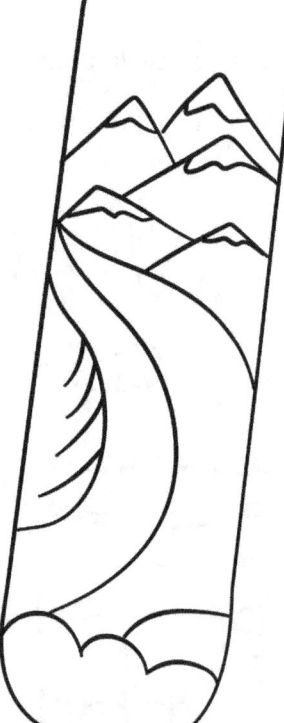

Corsa

391. Il creatore della parola "jogging" ha avuto un infarto mentre faceva jogging.

392. In Galles c'è una maratona in cui i corridori umani gareggiano contro i cavalli. Gli umani hanno vinto solo due volte.

393. Il record mondiale della maratona più veloce correndo all'indietro è di 3h43'39".

394. Fin dall'antica Grecia, i corridori utilizzavano bevande energetiche prima delle gare.

395. Ci sono maratone in luoghi difficili come il deserto, il Polo Nord o il monte Everest.

Boxe

396. La boxe è stata inventata nell'antica Grecia, dove si credeva che il dio Apollo ne fosse il creatore e il custode, ed era chiamata "pygmachia".

397. Il ring si chiama così perché un tempo era rotondo.

398. L'incontro di boxe più lungo si è protratto per 110 round ed è durato più di sette ore.

399. Il nome ufficiale della boxe è pugilato.

400. È più pericoloso combattere con i guanti che senza.

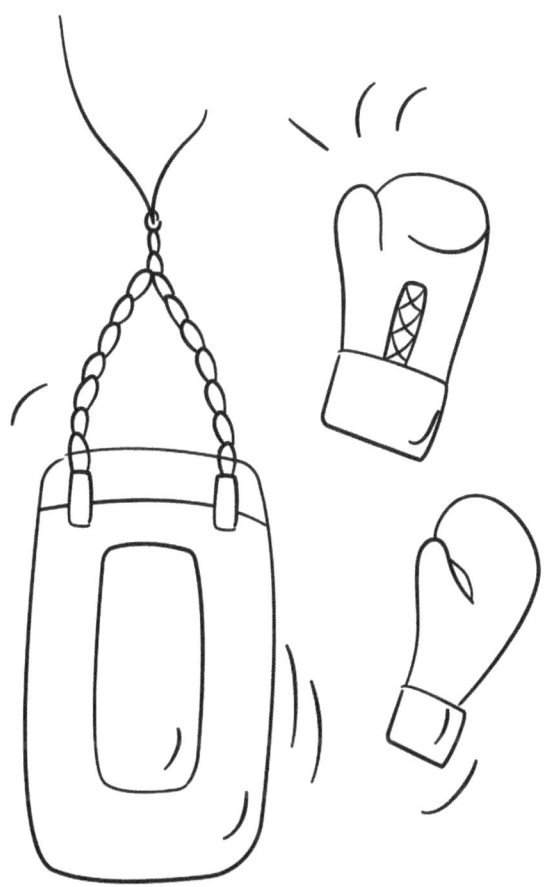

Corse automobilistiche

401. Nissan, un marchio automobilistico giapponese, utilizza il numero 23 solo sulle proprie auto da corsa.

402. È un gioco di parole perché in giapponese i numeri 2 e 3 si pronunciano come "ni" e "san".

403. Le auto da corsa tedesche sono sempre di color argento, il colore nazionale della Germania.

404. Ed è per questo che le loro auto da corsa sono conosciute con il soprannome di "Frecce d'argento".

405. Lo scarico di un'auto di Formula 1 diventa così caldo da fondere l'alluminio.

406. Nelle corse attraverso le città (come Monaco) i tombini devono essere saldati, altrimenti le auto li risucchierebbero.

407. La durata media di un pit stop in Formula 1 è di circa 2,4 secondi.

408. Un pilota di Formula 1 che affronta una curva sente più pressione di un astronauta durante il lancio di un razzo.

409. Le prime auto da corsa consumavano fino a 150 litri di benzina per ogni 100 chilometri di corsa. È la quantità di acqua che dovremmo bere per 50 giorni!

410. Tuttavia, si è cercato di migliorare il risparmio di carburante per rendere questo sport più sostenibile e le auto di oggi consumano solo 34 litri per 100 chilometri di corsa.

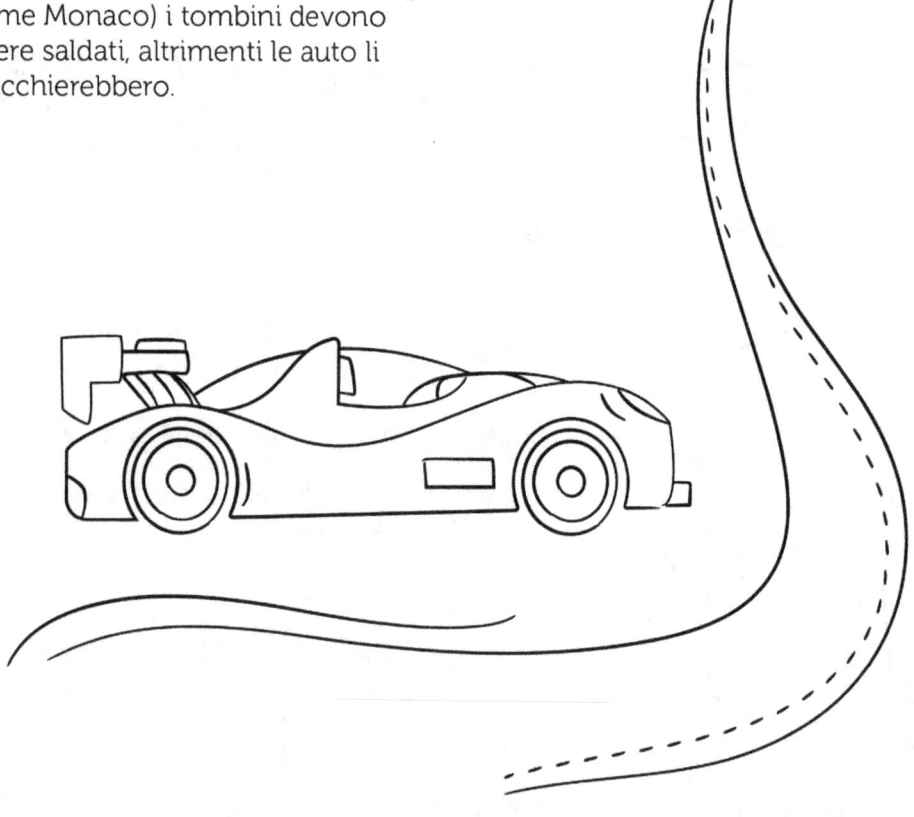

Fatti Bonus

411. Il gioco reso famoso dai romanzi di Harry Potter, il Quidditch, è ora uno sport ufficialmente riconosciuto.

412. I cavallerizzi professionisti che partecipano alle corse sono chiamati fantini.

413. Nel 1923, un fantino ebbe un infarto durante una corsa di cavalli, ma riuscì comunque a vincere la gara.

414. Il record mondiale per il tiro più lungo con arco e freccia è di 280 metri.

415. Il detentore del record non aveva le braccia e usava l'arco con i piedi.

416. Il duello con la spada laser, proprio come in Star Wars, è riconosciuto come uno sport ufficiale in Francia.

417. Il wrestling è considerato lo sport più antico del mondo.

418. In ogni parte del mondo esistono pitture rupestri di oltre 15.000 anni fa che mostrano lottatori.

419. Nel corso della sua vita, una persona cammina in media abbastanza da fare quattro volte il giro della Terra.

420. Il record mondiale per il maggior numero di flessioni di fila è di 10.507.

421. Nel 1962 Wilt Chamberlain ha segnato 100 punti in una singola partita di basket NBA e nessuno ha ancora battuto questo record.

422. Il record mondiale di salto in lungo è di 9 metri e 10 centimetri. È più lungo di un autobus!

423. Il golf è stato il primo sport praticato sulla Luna.

424. Il secondo è stato il lancio del giavellotto.

425. Entrambi gli sport sono stati praticati alle Olimpiadi lunari del 1971 e lo dobbiamo all'equipaggio della missione Apollo 14.

426. Le palline da golf hanno da 300 a 500 fossette.

427. Lo sport più popolare al mondo è il calcio.

428. Il base jumping è lo sport estremo più pericoloso.

429. Nel base jumping si salta da un edificio (building), da un'antenna (antenna), dalla campata di un ponte (span) o da alture della Terra stessa (earth), che in inglese è l'acronimo di BASE.

430. Il badminton si chiamava "Poona".

Capitolo 5:
IL CIBO

Frutta

431. Le zucche sono in realtà frutti e non verdure!

432. In Africa, i cocomeri venivano utilizzati per trasportare l'acqua nel deserto.

433. Mele e banane galleggiano. Prova la prossima volta che sei in una piscina!

434. Tuttavia, le banane galleggiano solo se hanno la buccia, se la togliamo affondano.

435. Ci sono così tanti tipi di mele che se ne mangiassi una diversa ogni giorno ti ci vorrebbero 20 anni per provarle tutte.

436. Le mele danno più energia del caffè.

437. L'uva esplode nel microonde.

438. Le fragole sono l'unico frutto con i semi all'esterno.

439. Le fragole e le more non sono bacche, nonostante il nome in inglese *strawberry* e *blackberry* possa essere fuorviante (*berry* significa bacca).

440. E, anche se non sembra, le banane sono in realtà bacche.

441. I mirtilli freschi possono rimbalzare come una palla.

442. Proprio come l'avocado, i pomodori sono frutti, non verdure.

443. Il pomodoro più grande del mondo pesava quasi 5 chilogrammi. Era pesante come un gatto!

444. I primi pomodori coltivati in Europa erano gialli, per questo in italiano si chiamano "pomodoro", che deriva da "pomo d'oro" e significa "mela d'oro".

445. Quando i pomodori rossi iniziarono a diffondersi, in Francia li chiamarono "pomme d'amour", che significa "mela dell'amore".

Verdura

446. Le carote non sono sempre state arancioni, una volta erano solo viola e gialle!

447. In America il 90% dei broccoli proviene dalla California.

448. La buccia del cetriolo può cancellare l'inchiostro della penna, prova!

449. L'edamame, ovvero i fagioli di soia nel baccello, è la verdura che contiene più proteine.

450. Le patate sono state il primo ortaggio a essere coltivato nello spazio.

451. Se si mangiano troppe carote la pelle può diventare arancione.

452. Le melanzane sono anche chiamate mele pazze.

453. Questo perché un tempo venivano consumate crude e contengono una sostanza che può provocare allucinazioni e che scompare solo se vengono cotte.

454. Le melanzane sono considerate verdure, ma in realtà sono bacche.

455. Anche i cetrioli e le zucche sono bacche.

456. Mangiare molte cipolle fa venire sonno.

457. I peperoni verdi e rossi non sono varietà diverse, ma i peperoni verdi diventano rossi man mano che maturano.

458. L'80% di una patata è costituito da acqua.

459. Una spiga di mais contiene circa un migliaio di chicchi.

460. Il broccolo romanesco è l'ortaggio con il disegno più interessante: una forma a spirale composta da tanti germogli di diverse dimensioni e un colore verde molto appariscente.

Frutta secca

461. Le arachidi sono legumi, non frutta secca.

462. Crescono sottoterra in baccelli.

463. Le mandorle fanno parte della famiglia delle pesche.

464. Le pigne contengono un seme commestibile, chiamato pinolo.

465. Quando l'olio di arachidi viene lavorato, si ottiene uno degli ingredienti della dinamite.

466. Affinché le mandorle crescano, le api devono impollinare i fiori di mandorlo.

467. Gli antichi Greci credevano che le nocciole potessero curare la calvizie.

468. Ed è vero che contengono una vitamina che aiuta a far crescere i capelli e a prevenirne la caduta, anche se non la cura.

469. Gli anacardi appartengono alla stessa famiglia dell'edera velenosa.

470. Sebbene la noce moscata contenga la parola "noce", non si tratta di una vera e propria noce, ma di un seme.

471. Le noci aiutano ad avere una buona memoria.

472. Quando il guscio dei pistacchi si apre, sembra che stiano sorridendo ed è per questo che in alcuni luoghi sono conosciuti come "noci felici".

473. I pistacchi e i manghi appartengono alla stessa famiglia di alberi.

474. Il guscio che contiene le noci del Brasile può pesare fino a 2,5 chilogrammi.

475. Solo due varietà di noci di macadamia sono commestibili, tutte le altre sono velenose.

Fatti Bonus

476. I prodotti per macchiare il caffè, i condimenti per l'insalata e altri alimenti bianchi contengono talvolta biossido di titanio, che si trova anche nella plastica e nelle creme solari.

477. Il motivo è che il biossido di titanio è un eccellente colorante alimentare bianco e anche un ottimo filtro per la nostra pelle.

478. Mangiare troppa noce moscata può provocare allucinazioni.

479. Il colorante alimentare naturale rosso viene estratto da un insetto chiamato cocciniglia.

480. L'olfatto è una parte importante del gusto, quindi se non vediamo ciò che stiamo mangiando e ci copriamo il naso, non siamo in grado di distinguere il sapore di una mela da quello di una cipolla.

481. Le gomme da masticare si ricavavano dalla linfa di un albero chiamato "chicle".

482. I salmoni sono in realtà grigi, ma diventano arancioni perché i crostacei di cui si nutrono sono di quel colore.

483. Negli allevamenti ittici, i salmoni non mangiano crostacei, quindi vengono loro somministrate vitamine per farli diventare arancioni.

484. Le lattine di bibite dietetiche galleggiano nell'acqua, mentre quelle di bibite normali affondano.

485. Alcune gomme da masticare e cioccolatini sono realizzati con cera di carnauba, la cera di una palma utilizzata anche per creme e rossetti.

486. La torta di mele fu preparata per la prima volta in Gran Bretagna e portata in America dai colonizzatori britannici.

487. I ghiaccioli sono stati inventati da un bambino di undici anni.

488. I fichi sono in realtà fiori, non frutti.

489. Il plum cake (*pound cake*) prende il nome dalla sua ricetta originale, che prevedeva mezzo chilo (1 *pound*) di burro, mezzo chilo di zucchero e mezzo chilo di uova.

490. Il cibo che viene rubato di più è il formaggio.

Fatti per Bambini 37

Capitolo 6:
IL METEO

Vento

491. Il vento si sente solo se soffia contro qualcosa.

492. Il suono che produce è chiamato suono eolico.

493. Le banderuole sono utilizzate per indicare la direzione del vento.

494. Se si vuole misurare anche la sua velocità, è necessario utilizzare uno strumento chiamato anemometro.

495. I doldrums sono un'area intorno all'equatore in cui le navi a vela restano bloccate per giorni a causa della quasi totale assenza di vento.

496. La raffica di vento più veloce mai registrata ha raggiunto la velocità di 407 chilometri orari durante un uragano al largo di Barrow Island, in Australia.

497. Saturno ha i venti più forti del nostro sistema solare. Oltre 1.800 chilometri all'ora!

498. Una delle funzioni più importanti del vento è quella di trasportare i semi per disperderli.

499. Il vento può generare energia elettrica, la cosiddetta energia eolica.

500. Le cose relative al vento sono chiamate "eoliche" dal nome del dio greco dei venti, Eolo.

Nuvole

501. Una nuvola è un insieme di milioni di gocce d'acqua. Se ne tocchi una, ti resterà la mano bagnata!

502. Anche altri pianeti hanno le nuvole. Giove e Saturno hanno nubi fatte di ammoniaca, che ha l'odore della candeggina.

503. Le nuvole non sono prive di peso.

504. I cirri filiformi sono costituiti da cristalli di ghiaccio.

505. Ciò avviene perché questo tipo di nuvole sono così in alto che le gocce d'acqua si congelano.

506. Le nuvole più alte nell'atmosfera terrestre sono chiamate nubi nottilucenti.

507. Sono visibili solo in estate alla fine del crepuscolo, poco prima del buio.

508. Esistono dieci tipi di nuvole, a seconda del clima a cui sono associate, dell'altezza a cui appaiono, delle loro dimensioni e del loro colore.

509. Le nuvole gonfie, simili a cotone, sono chiamate nubi cumuliformi.

510. Le nuvole che portano piogge intense e temporali sono chiamate nubi cumulonembi.

Pioggia

512. Questo perché nell'aria ci sono piccoli organismi che producono vitamine e la pioggia le trasporta giù mentre cade.

513. In una città dell'Honduras, ogni anno piovono piccoli pesci d'argento!

514. La spiegazione più probabile è che siano trasportati dalle trombe d'acqua durante le forti piogge tropicali della zona.

515. Il luogo del mondo dove piove di meno è l'Antartide.

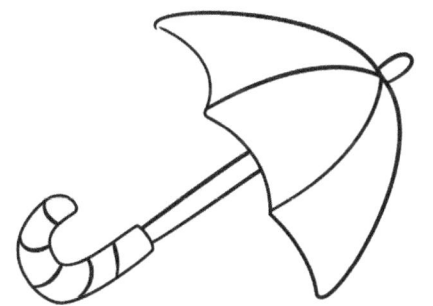

511. La pioggia contiene vitamine.

516. Sul monte Waialeale, alle Hawaii, piove fino a 350 giorni all'anno.

517. Quando le nuvole colpiscono gli alberi, le gocce d'acqua si condensano e cadono. Si tratta della cosiddetta pioggia orizzontale.

518. La pioggia fantasma è una pioggia che evapora prima di raggiungere il suolo.

519. Su Venere non piove acqua, bensì un acido che può sciogliere quasi tutto, ma che evapora prima di raggiungere il suolo.

520. Gli scienziati ritengono che su Saturno, Urano, Giove e Nettuno non piova acqua, ma diamanti.

Fulmini

521. La paura dei fulmini è chiamata ceraunofobia.

522. Quando un fulmine colpisce la sabbia, può fondere i granelli per creare una specie di tubo di materiale vetroso chiamato folgorite.

523. Il fulmine è largo quanto il pollice di un uomo.

524. I fulmini aiutano le piante a crescere.

525. In Venezuela cade il maggior numero di fulmini al mondo, a volte fino a 40.000 per notte!

526. L'Empire State Building viene colpito da un fulmine circa due volte al mese.

527. Un fulmine è cinque volte più caldo del Sole.

528. Le querce vengono colpite dai fulmini più di ogni altro tipo di albero.

529. Un fulmine ha un'energia sufficiente per accendere 250 miliardi di lampadine.

530. E l'energia sufficiente per illuminare quasi 40.000 case per un'ora.

Tempeste, Uragani e Tornado

531. In ogni momento ci sono in media 2.000 temporali attivi sul nostro pianeta.

532. Le tempeste sono studiate dai meteorologi.

533. Uno tsunami viaggia alla stessa velocità di un aereo a reazione.

534. Gli uragani ruotano in senso orario nell'emisfero meridionale e in senso antiorario in quello settentrionale.

535. Sono noti anche come cicloni e tifoni.

Fatti Bonus

536. L'unica differenza tra questi nomi è che i cicloni che si verificano nell'Oceano Pacifico nord-occidentale sono chiamati tifoni.

537. Il più grande uragano mai registrato è il tifone Tip.

538. Il tifone Tip si è verificato nel 1979 ed era grande la metà degli Stati Uniti!

539. Un uragano rilascia ogni secondo una quantità di energia pari a 10 bombe atomiche.

540. Alcuni tornado si muovono più velocemente delle auto da corsa di Formula 1.

541. Contare il numero di friniti di un grillo può aiutare a capire la temperatura.

542. Le tempeste di sabbia possono coprire intere città.

543. Le frane di fango possono trascinare giù edifici e alberi giganteschi.

544. Il clima autunnale mite può attirare in casa ragni più grandi.

545. Una forte ondata di calore può piegare i binari dei treni!

546. Nel 2001, per diversi mesi, la pioggia in una regione dell'India meridionale era rossa.

547. Il colore era dovuto alle spore di alghe presenti nell'aria e trasportate dalla pioggia.

548. I vermi escono dal terreno prima della pioggia.

549. Gli incendi incontrollati possono creare tornado di fuoco.

550. Questi tornado infuocati sono chiamati vortici di fuoco.

551. Nel 1972 in Iran si verificò una bufera di neve così grande che 200 città intere rimasero sotto più di 7 metri di neve.

552. Il ghiaccio nero rende il manto stradale incredibilmente scivoloso.

553. Il ghiaccio non è veramente nero, ma è dovuto al fatto che si può vedere la pavimentazione attraverso di esso.

554. Alcune rane fanno molto più rumore prima della pioggia.

555. Le forti trombe d'acqua (colonne d'aria che vorticano sull'acqua) possono far piovere creature marine.

556. Nel 1995, in Texas si è verificata una tempesta con chicchi di grandine più grandi di palle da baseball.

557. L'uragano John è durato un mese intero.

558. L'inquinamento forma un pericoloso scudo intorno alla Terra che impedisce al calore di uscire. Si chiama effetto serra.

559. L'accumulo di calore riscalda il nostro pianeta e scioglie i ghiacci nell'Artico e nell'Antartide.

560. Ogni anno nel mondo si verificano più di 16 milioni di temporali.

Capitolo 7:
IL CORPO UMANO

Ossa

561. Gli adulti hanno 206 ossa nel corpo, ma alla nascita sono 300. Alcune di esse si fondono con la crescita.

562. L'osso più piccolo del corpo umano è la staffa, che si trova all'interno dell'orecchio.

563. L'osso più lungo, più grande e più forte del corpo umano è il femore, che è l'osso della coscia.

564. Le ossa sono tenute insieme alle articolazioni da bande di tessuto chiamate legamenti.

565. Ogni piede ha 26 ossa.

566. Le ossa dei bambini guariscono più velocemente di quelle degli adulti quando si rompono.

567. Le fratture (ossa rotte) richiedono dalle sei alle otto settimane per guarire.

568. Le giraffe e gli esseri umani hanno lo stesso numero di ossa nel collo.

569. Le ossa sono vive, proprio come il sangue e gli organi.

570. Meno dell'1% delle persone nasce con una costola in più sopra le altre, praticamente sul collo.

Muscoli

571. Il corpo ha più di 600 muscoli.

572. Il muscolo più forte rispetto alle sue dimensioni è il massetere, il muscolo della mascella.

573. Il muscolo che lavora più intensamente è il cuore, che pompa 7.500 litri di sangue al giorno.

574. I muscoli non possono spingere le ossa, ma solo tirarle.

575. Ecco perché abbiamo muscoli che tirano le dita verso il palmo della mano per chiuderle e altri che le tirano nella direzione opposta per aprirle.

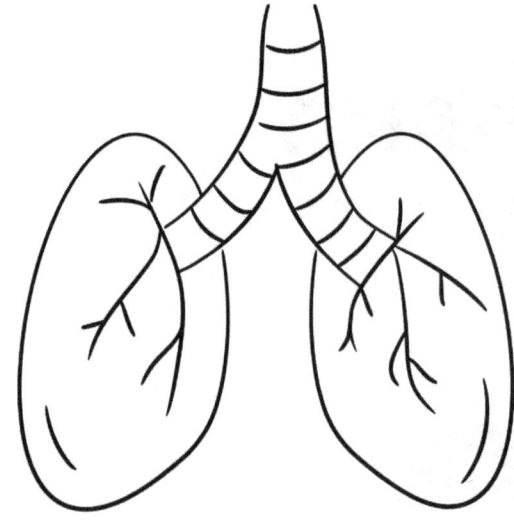

Cervello

581. Le cellule che compongono il cervello sono chiamate neuroni.

582. Il cervello galleggia in un liquido all'interno del cranio.

583. Il cervello assomiglia molto a una noce.

584. Non può provare dolore.

585. Quando si è svegli, il cervello può generare 25 watt di potenza, sufficienti ad alimentare una lampadina.

586. I vasi sanguigni del cervello, da una estremità all'altra, sono lunghi 650 chilometri.

587. Quando preparavano una mummia, gli Egizi estraevano il cervello dal naso.

588. Se lo si tocca, il cervello sembra una gelatina compatta.

589. Più si pensa intensamente, più il cervello consuma ossigeno.

590. La lettura ad alta voce utilizza parti del cervello diverse rispetto alla lettura silenziosa.

576. Le estremità dei muscoli che sono attaccate alle ossa sono chiamate tendini.

577. I muscoli sono fatti principalmente di acqua.

578. Nel viso ci sono più di 30 muscoli.

579. Il muscolo più grande del corpo è il grande gluteo e si trova nella parte inferiore.

580. Il diaframma è un grande muscolo sotto i polmoni che aiuta a respirare.

Pelle

591. Ogni giorno perdiamo milioni di cellule della pelle, perdendo in media l'equivalente di metà del nostro peso corporeo nel corso della vita.

592. Le cicatrici sono diverse dalla pelle normale. Non hanno ghiandole sudoripare e non possono far crescere i peli.

593. La pelle è impermeabile.

594. La vitiligine è una condizione che causa uno scolorimento a macchie della pelle.

595. La pelle è l'organo più esteso del corpo.

596. La pelle più spessa si trova sotto le piante dei piedi e nei palmi delle mani.

597. La pelle più sottile è quella delle palpebre.

598. Lo studio della pelle è chiamato dermatologia.

599. Le persone albine non hanno pigmenti nella pelle.

600. Ogni 28 giorni il corpo rinnova tutte le cellule della pelle.

Capelli e Unghie

601. Le unghie delle mani crescono due volte più velocemente di quelle dei piedi.

602. I peli sul viso di un uomo crescono più rapidamente che in qualsiasi altra parte del corpo. Se non si radessero mai in vita loro, la barba crescerebbe fino a oltre 9 metri... più lunga di un'orca assassina!

603. Le bionde naturali hanno più capelli e le rosse meno.

604. In media, perdiamo tra i 50 e i 100 capelli al giorno e ognuno di essi può vivere con noi da 2 a 7 anni.

605. I capelli e le unghie sono fatti di cheratina, lo stesso materiale di cui sono costituiti corna, zoccoli, artigli, piume e becchi degli animali.

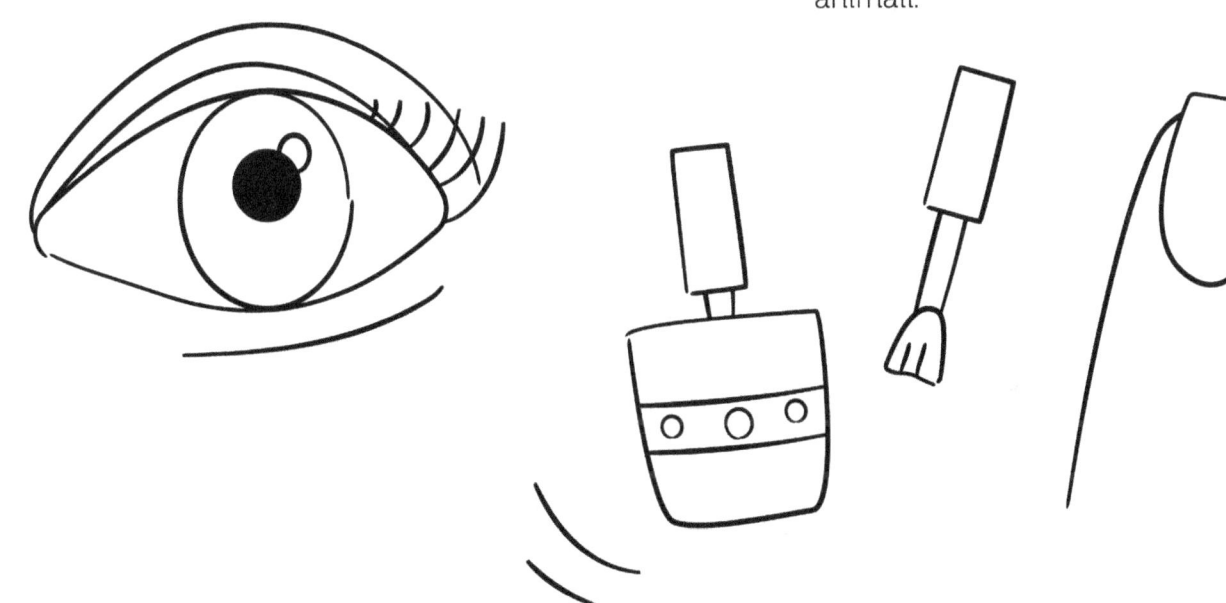

606. I capelli crescono più velocemente in estate.

607. Le unghie non hanno sensibilità, le sensazioni che proviamo sono dovute alla pelle sottostante.

608. Ogni capello può reggere 100 grammi. Poiché sulla testa ci sono circa 120.000 capelli, questi potrebbero tecnicamente sostenere il peso di due elefanti.

609. Onicofagia è il termine medico per indicare l'abitudine di mangiarsi le unghie.

610. Le persone albine non hanno pigmenti né nei capelli né negli occhi.

Digestione

611. L'intestino tenue è l'organo interno più grande.

612. Può misurare tra i 3 e i 10 metri, a seconda dell'altezza di una persona.

613. Si scoreggia circa 14 volte al giorno.

614. Ogni scoreggia esce dal corpo a 11 chilometri all'ora, più velocemente di quanto un coccodrillo possa nuotare!

615. L'intestino si muove come un'onda per far scendere il cibo. Questo fenomeno è chiamato peristalsi.

616. Il corpo può spostare il cibo in questo modo anche se ci si mette a testa in giù.

617. Noi abbiamo un solo comparto dello stomaco, ma le mucche ne hanno quattro e gli ornitorinchi non ne hanno nessuno!

618. Quando lo stomaco brontola si chiama borborigmo.

619. Si rutta se si ingerisce troppa aria con il cibo.

620. Il singhiozzo più lungo di sempre è durato 68 anni.

Occhi e Denti

621. Alcune persone hanno gli occhi di due colori diversi. Questo fenomeno è chiamato eterocromia.

622. La parte bianca dei nostri occhi è chiamata sclera e la parte colorata è chiamata iride.

623. I nostri occhi sono in grado di riconoscere circa 1 milione di diversi colori e sfumature.

624. Il colore degli occhi più comune è il marrone.

625. Si sbattono le palpebre 12 volte al minuto.

626. I bambini hanno 20 denti e gli adulti 32.

627. Lo smalto dei denti è la sostanza più dura del corpo.

628. I denti sono gli unici elementi del corpo che non riescono a ripararsi da soli.

629. Prima del dentifricio, le persone si lavavano i denti con succo di limone, carbone o sale.

630. Il dente umano più lungo mai esistito misurava circa 4 centimetri.

Cuore e Sangue

631. Il cuore è grande come un pugno e ha quattro camere: due atri superiori e due ventricoli inferiori.

632. La maggior parte degli attacchi cardiaci avviene il lunedì mattina.

633. Il cuore può battere al di fuori del corpo e il battito cardiaco può cambiare, ad esempio, a seconda della musica che si sta ascoltando.

634. L'elettrocardiogramma o ECG è un grafico che rappresenta l'attività del cuore.

635. Un uomo di nome Stan Larkin ha vissuto 555 giorni con un cuore artificiale. L'ha portato in uno zaino fino a quando non ha ricevuto un trapianto.

636. Il sangue è salato come l'oceano.

637. Il corpo di un adulto contiene circa 5 litri di sangue.

638. Ci vorrebbero oltre 1 milione di zanzare che pungono contemporaneamente per estrarre tutto quel sangue.

639. La pressione sanguigna nel cuore può far schizzare il sangue fino a 9 metri di distanza.

640. I medici usano ancora le sanguisughe per aiutare la circolazione e gli innesti di pelle.

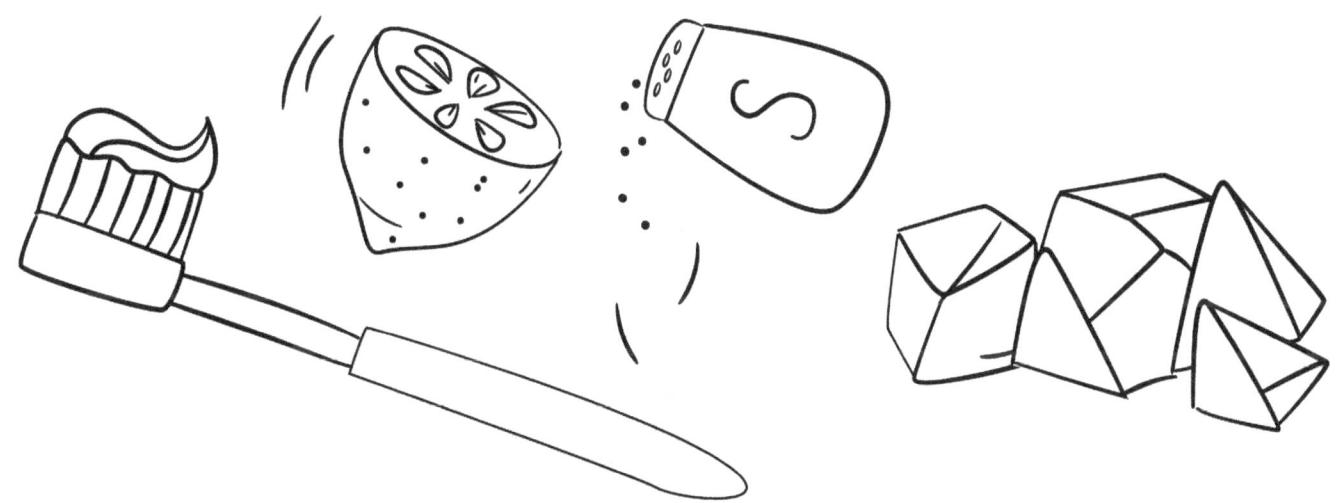

Corpo

641. Le orecchie e il naso non smettono mai di crescere.

642. Il cuore batte 100.000 volte al giorno.

643. La temperatura media del corpo umano è di 98,6 gradi Fahrenheit.

644. Uno sbadiglio medio dura sei secondi.

645. L'impronta della lingua è unica!

646. Il nome scientifico delle impronte digitali è dermatoglifi.

647. La maggior parte delle persone non riesce a leccarsi il gomito. E tu?

648. Non si può parlare mentre si inspira o si espira.

649. Uno starnuto troppo forte può provocare la rottura di una costola.

650. Usare gli auricolari aumenta il numero di batteri nell'orecchio.

Sonno e Sogni

651. Si dorme circa 8 ore a notte, ma non è nulla rispetto alle lumache che dormono per anni.

652. Quando si dorme non si sente alcun odore.

653. Nel corso della vita, si ingeriscono circa 70 insetti e 10 ragni durante il sonno.

654. La maggior parte delle persone sogna a colori, ma ci sono persone che sognano in bianco e nero.

655. Il sonnambulismo è un disturbo in cui le persone riescono ad alzarsi e svolgere qualsiasi attività mentre sono ancora addormentate.

656. Anche le persone con disabilità visive sognano, ma in modo diverso.

657. Il tempo massimo in cui una persona è riuscita a rimanere sveglia è stato di 11 giorni e 25 minuti.

658. Gli elefanti sono gli animali che dormono di meno: solo due ore al giorno.

659. La paura di addormentarsi è chiamata somnifobia e l'onirofobia è la paura dei sogni.

660. Il nostro cervello non è in grado di creare nuovi volti, quindi sogniamo solo i volti delle persone che abbiamo visto nella vita reale.

Chapitre 8:

LE SCIENZE

Chimica

661. In forma di gas, l'ossigeno è incolore. Ma quando è in forma liquida o solida diventa blu.

662. In condizioni normali, olio e acqua non possono mescolarsi. Prova!

663. La sostanza più costosa al mondo è un elemento chiamato californio. Un solo grammo vale centinaia di milioni di dollari.

664. Un metallo chiamato gallio si scioglie nel palmo della mano.

665. L'elio è più leggero dell'aria che ci circonda, ed è per questo che i palloncini riempiti di elio tendono a salire verso l'alto.

666. Tutti i metalli della terra sono argentei, tranne l'oro e il rame.

667. I diamanti, la grafite e il carbone sono tutti fatti della stessa sostanza: il carbonio.

668. Se si mescolano aceto e bicarbonato di sodio, si formano delle bolle. La combinazione funziona bene anche per pulire gli scarichi!

669. Il vetro è amorfo, cioè non è né liquido né solido. Le particelle al suo interno si muovono molto, molto lentamente.

670. L'acqua si trasforma in ghiaccio a 32 gradi Fahrenheit, mentre bolle e inizia a evaporare a 212 gradi Fahrenheit.

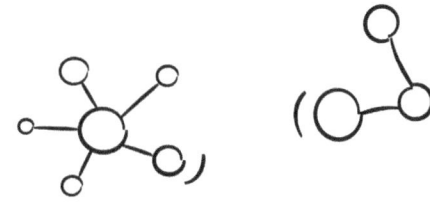

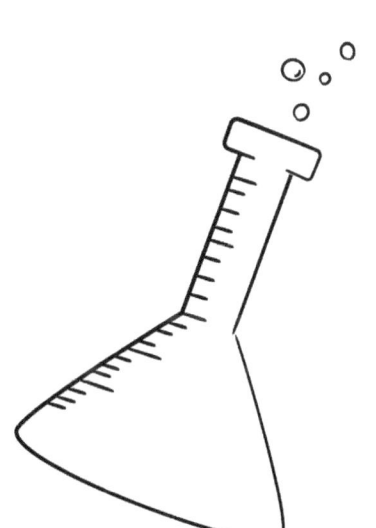

Informatica

671. La memoria di un computer si chiama RAM (Random Access Memory).

672. I computer sono dotati di ventole all'interno perché si scaldano quando funzionano.

673. Sono dotati di circuiti, chiamati microprocessori, in grado di risolvere operazioni matematiche molto velocemente.

674. I microprocessori sono il cervello dei computer.

675. Anche altre macchine come lavatrici, televisori e automobili utilizzano microprocessori.

676. I computer utilizzano un codice in cui tutti i numeri sono rappresentati solo da 0 e 1, chiamato sistema numerico binario.

677. Il primo computer, chiamato ENIAC (Electronic Numerical Integrator And Computer), pesava più di 27 tonnellate.

678. Il mouse del computer è stato inventato nel 1964 e il primo era in legno.

679. Si sbattono meno le palpebre quando si lavora o si gioca davanti allo schermo di un computer.

680. Il Massachusetts Institute of Technology (MIT) dispone di computer in grado di distinguere se un sorriso è vero o falso.

Biologia

681. Ogni cellula del corpo contiene due metri di DNA.

682. Il DNA è la sostanza che contiene le informazioni per costruire tutti gli elementi e le parti del nostro corpo nel corso della vita.

683. L'impronta digitale del DNA è unica: tutti gli esseri viventi ne hanno una diversa.

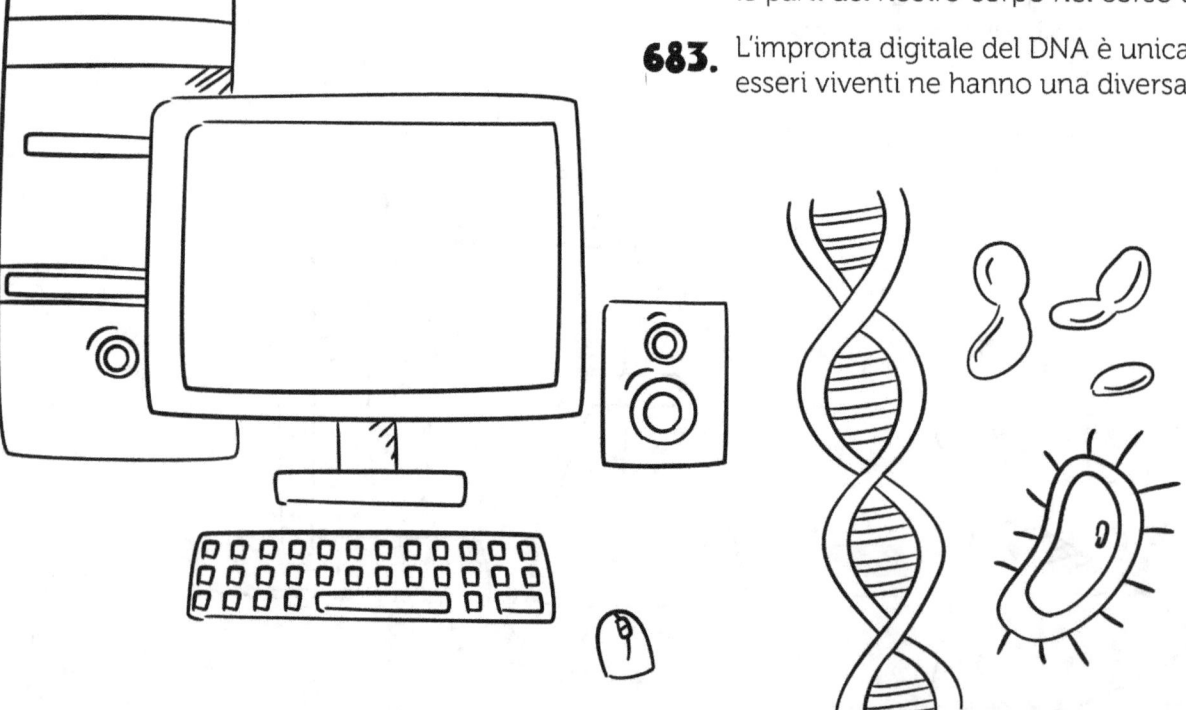

Elettricità

684. Per proteggersi, il DNA si arrotola in strutture a forma di X, chiamate cromosomi.

685. Ogni persona possiede 23 coppie di cromosomi, per un totale di 46.

686. Ogni pezzo di DNA che contiene le informazioni per una determinata sostanza o parte del corpo è chiamato gene.

687. L'insieme dei geni di tutti i cromosomi è chiamato genoma.

688. Se mettessimo in fila il DNA presente nel corpo umano, si estenderebbe per 6,20 miliardi di chilometri. È mille volte la distanza tra la Terra e il Sole!

689. I virus non sono creature viventi. Sono sostanze organiche che possono moltiplicarsi e diffondersi solo in un ospite.

690. I batteri sono vivi e possono riprodursi da soli.

691. Il carbone è la principale fonte di energia elettrica al mondo.

692. L'energia che fa rizzare i capelli e ci fa sembrare dei ricci si chiama elettricità statica.

693. È possibile produrre elettricità dagli escrementi e dalle scoregge degli animali.

694. L'Islanda consuma più elettricità di qualsiasi altro Paese al mondo.

695. La lampadina più grande è alta circa 4 metri.

696. Si trova in cima alla Thomas Edison Memorial Tower.

697. Gli Stati Uniti consumano il 30% di tutta l'elettricità consumata nel mondo.

698. I nostri nervi utilizzano l'elettricità per inviare segnali al cervello.

699. Anche il muscolo cardiaco produce elettricità, che è ciò che lo fa battere.

700. I parafulmini servono ad attirare le scariche elettriche dei fulmini e a condurle a terra, in modo che non possano danneggiare edifici o persone.

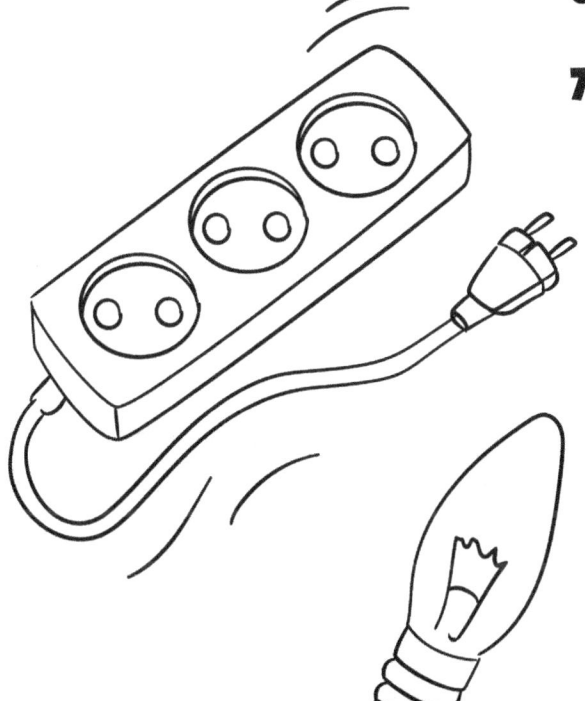

Matematica

701. In inglese *forty* (quaranta) è l'unico numero scritto in ordine alfabetico.

702. -40 gradi Celsius corrispondono a -40 gradi Fahrenheit.

703. Il simbolo della divisione si chiama obelo.

704. La somma dei punti su due facce opposte di un dado è sempre 7.

705. La somma di due numeri dispari è sempre un numero pari.

706. Anche la somma di due numeri pari è sempre un numero pari.

707. In inglese il numero *four* (quattro) è l'unico che ha tante lettere quanto il valore che esprime.

708. Un numero palindromo è un numero che si legge allo stesso modo da sinistra a destra e da destra a sinistra, come 33, 121 o 4554.

709. Il numero 2520 è considerato "perfetto" perché può essere diviso per tutti i numeri da 1 a 10.

710. Se moltiplichiamo 111111111 per 111111111, il risultato è 12345678987654321.

Geologia

711. Rubini e zaffiri sono lo stesso minerale, l'unica differenza è il colore.

712. Questo minerale è il corindone; quelli di colore rosso sono chiamati rubini, mentre quelli di tutti gli altri colori possibili sono chiamati zaffiri, anche se i più usati sono blu.

713. I diamanti perfetti sono assolutamente trasparenti, non hanno alcun colore.

714. I diamanti di colore diverso sono così a causa di difetti nella loro struttura o nella loro composizione chimica.

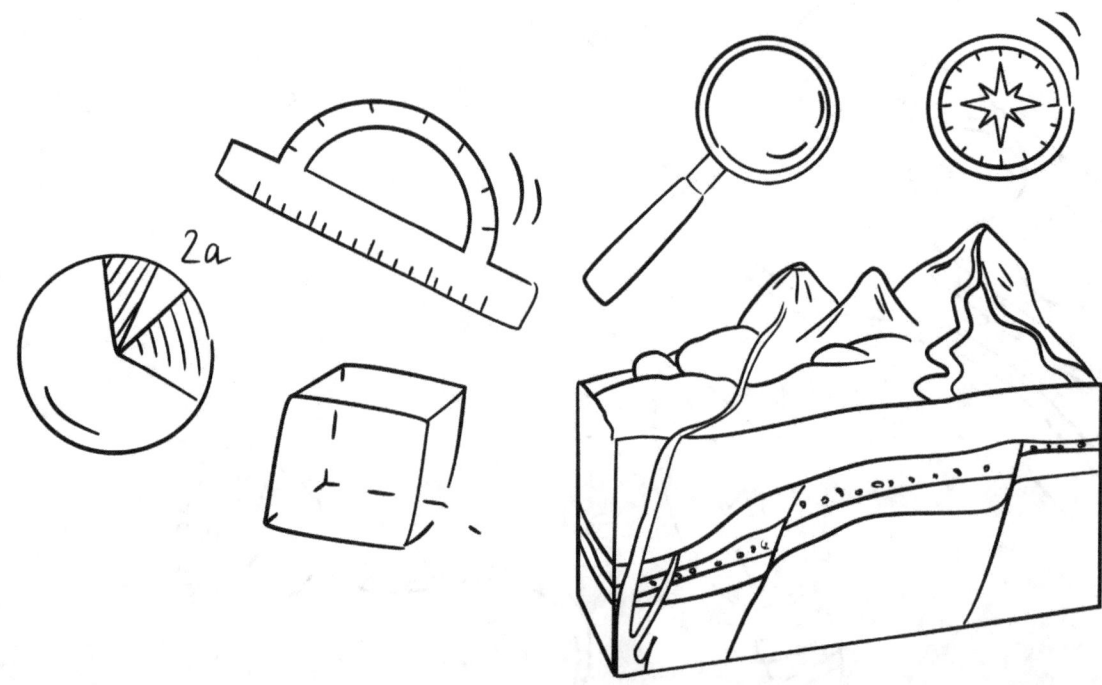

715. Il nucleo della Terra è più caldo della superficie del Sole.

716. La Route 66, che attraversa gli Stati Uniti, è più lunga della distanza dal nucleo della Terra.

717. La scala Richter è il sistema che misura l'energia rilasciata da un terremoto e i danni che esso può causare.

718. Un terremoto di magnitudo 12 della scala Richter spezzerebbe il mondo in due.

719. L'impatto che causò l'estinzione dei dinosauri misurava 13 gradi della scala Richter.

720. Qualche anno fa, gli scienziati hanno scoperto un minerale più antico della Terra.

Archeologia e Paleontologia

721. L'archeologia studia le civiltà del passato e porta alla luce città antiche, oggetti e ossa.

722. La paleontologia si occupa dello studio dei resti degli esseri viventi del passato attraverso i fossili.

723. Grazie alla paleontologia conosciamo i dinosauri vissuti milioni di anni fa.

724. Ci sono mummie di 700 anni fa che sono state sepolte tra sbarre di ferro perché credevano che i vampiri fossero reali e che questo avrebbe impedito loro di tornare.

725. I fossili sono i resti di animali, piante o persino batteri di molto tempo fa che si sono conservati per tutto questo tempo nelle rocce.

726. I fossili più antichi mai scoperti si trovano in Groenlandia e hanno più di 3.700 anni.

727. Insetti e altri piccoli animali si sono conservati anche nella resina degli alberi preistorici, chiamata ambra.

728. Gli archeologi che studiano le piramidi e le mummie d'Egitto sono chiamati egittologi.

729. Nell'antico Egitto non si usavano lettere per scrivere, ma segni o immagini, chiamati geroglifici, che rappresentavano le parole.

730. La decifrazione dei geroglifici è stata possibile grazie a una scoperta archeologica: una pietra, chiamata stele di Rosetta, che riportava lo stesso testo in geroglifici e in altre due lingue.

Fatti per Bambini

Aviazione

731. Il primo mezzo di trasporto aereo è stata la mongolfiera.

732. I fratelli Wright hanno inventato, costruito e fatto volare il primo aeroplano della storia.

733. Per far decollare il loro aereo hanno dovuto usare una catapulta.

734. La paura di volare è chiamata aviofobia.

735. Gli aerei che trasportano passeggeri in tutto il mondo sono chiamati aerei di linea.

736. Il volo più lungo che trasporta passeggeri va da Singapore al New Jersey e dura oltre 18 ore.

737. Ci vuole così tanto tempo perché si tratta di un viaggio di 15.343 chilometri. Se lo facessimo in auto ci vorrebbero più di 6 giorni!

738. Il jet più veloce è il Lockheed SR-71 Blackbird. Vola a 3.500 chilometri all'ora.

739. Ci sono aerei che possono decollare e atterrare sull'acqua. Si chiamano idrovolanti.

740. Ogni anno in tutto il mondo volano più di 4,5 miliardi di persone. Si tratta di più della metà della popolazione mondiale!

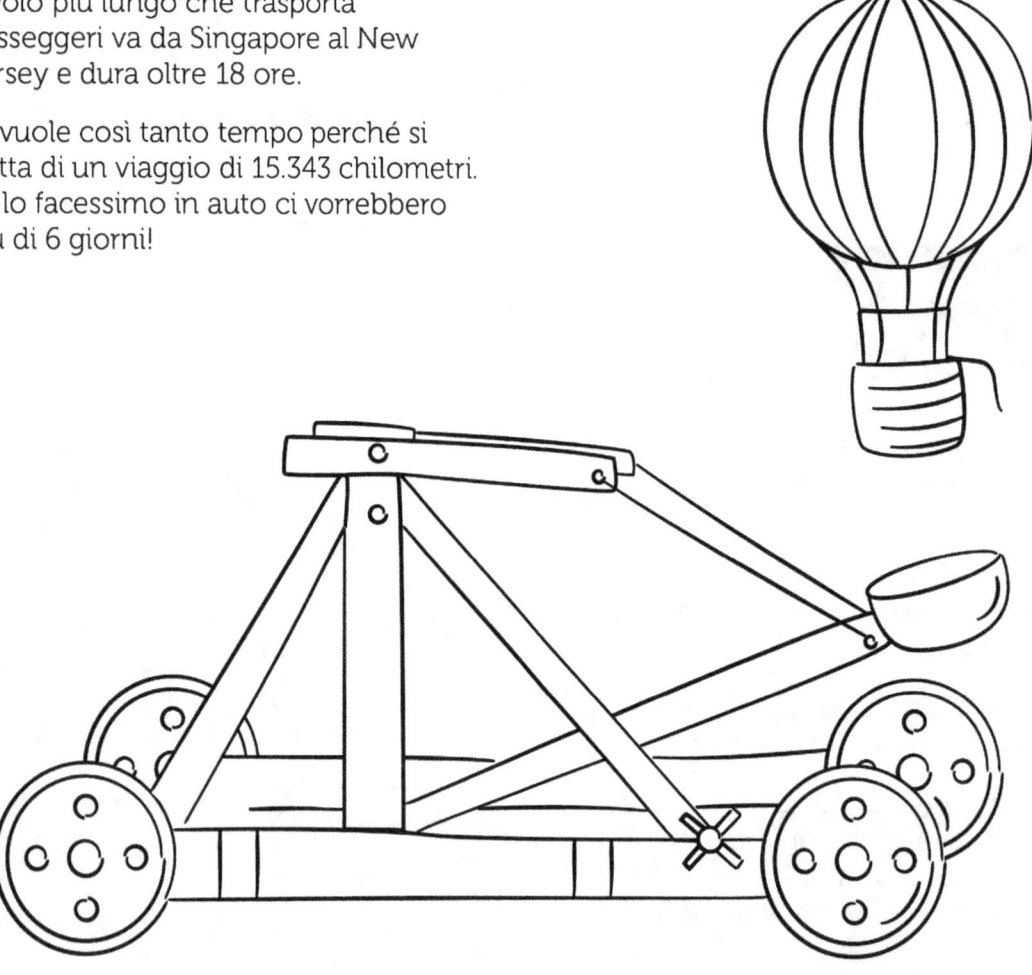

Capitolo 9:
LA STORIA

Medioevo

741. Nel Medioevo si usavano molto i ventilatori, ma non per il caldo, bensì perché non si facevano le docce come noi!

742. La maggior parte delle persone si faceva la doccia solo una volta all'anno.

743. È anche per questo che le spose hanno iniziato a portare bouquet di fiori il giorno del matrimonio.

744. I guerrieri medievali erano chiamati cavalieri.

745. I cani sono sempre stati i migliori amici dell'uomo, tanto che i cavalieri medievali li portavano in guerra.

746. I cavalieri medievali indossavano armature metalliche per proteggersi in battaglia.

747. L'armatura poteva pesare più di 30 chilogrammi, che è come sostenere 30 litri d'acqua!

748. Per evitare che i cani venissero feriti in battaglia, anche loro indossavano un'armatura.

749. Non si usavano piatti o forchette, si mangiava solo con i cucchiai.

750. La barba era molto importante, per cui una delle offese più gravi era quella di tirare la barba a qualcuno.

Fatti per Bambini

Antica Grecia

751. L'antica Grecia aveva molte città-stato, ognuna con un proprio re.

752. Queste città-stato erano note come "polis".

753. La città-stato di Sparta era conosciuta per il suo forte esercito.

754. Gli spartani iniziavano l'addestramento dei guerrieri all'età di sette anni.

755. I miti e gli dei greci sono studiati ancora oggi.

756. Gli antichi Greci credevano che gli dei più importanti vivessero sul monte Olimpo.

757. Zeus era il dio dei cieli e dei tuoni, il più potente di tutti. Era considerato il padre degli dei e degli uomini.

758. Medusa era una creatura della mitologia greca con capelli di serpente che trasformava in pietra chiunque la guardasse.

759. Nella mitologia greca ci sono molte creature metà umane e metà animali, come i centauri, che erano metà uomini e metà cavalli.

760. I minotauri avevano il corpo di un uomo e la testa di un toro, mentre i satiri avevano il corpo di un uomo e le gambe di una capra!

Antica Roma

761. I fondatori di Roma furono i fratelli Romolo e Remo. Dei due fratelli, Romolo fu il primo re di Roma.

762. La leggenda narra che siano stati abbandonati e in seguito cresciuti da una lupa.

763. Come i Greci, anche i Romani credevano in molti dei.

764. L'esercito romano marciava fino a 40 chilometri al giorno.

765. Un soldato romano è chiamato legionario.

766. Amavano mangiare cibi esotici come pappagalli e fenicotteri arrostiti.

767. I gladiatori erano combattenti armati che lottavano tra loro o contro animali selvatici per intrattenere il pubblico.

768. Si scontravano nel Colosseo, un enorme anfiteatro che si può visitare ancora oggi a Roma.

769. I Romani costruirono un sistema di labirinti sotterranei di oltre 160 chilometri che esiste ancora.

770. I vestiti venivano lavati con la pipì perché contiene una sostanza chimica usata come prodotto per la pulizia.

Egizi

771. Alla gente comune non era permesso vedere i capelli del Faraone, che quindi li teneva coperti.

772. Nell'antico Egitto molti animali, come serpenti, mucche o gatti, erano considerati sacri.

773. Gli Egizi usavano il pane ammuffito come medicina per combattere le infezioni.

774. La Grande Piramide di Giza è la piramide più antica e più grande. È alta quasi come un edificio di 50 piani!

775. In Egitto sia gli uomini che le donne si truccavano.

776. Le mummie erano avvolte in lunghe bende che potevano estendersi per oltre un chilometro.

777. Gli antichi Egizi credevano in oltre 2.000 divinità.

778. Gli Egizi inventarono le penne, le serrature e le chiavi.

779. Hanno anche inventato il calendario solare, che segna la posizione della Terra rispetto al Sole.

780. Pur essendo nata in Egitto, Cleopatra era greca.

Vichinghi

781. Non si sono mai chiamati "vichinghi", in realtà erano marinai norreni provenienti dalle attuali Danimarca, Norvegia e Svezia.

782. I vichinghi amavano i capelli biondi e usavano schiarire le loro ciocche con la liscivia.

783. C'erano molti dei vichinghi e il principale era Odino.

784. Odino era il dio della guerra e della saggezza e Thor, suo figlio, era il dio del tuono.

785. Nella lingua norrena antica, la parola "vichingo" significa "pirata".

786. In inglese, alcuni giorni della settimana prendono il nome dalle divinità vichinghe: Tuesday (martedì) è chiamato così in onore di Tyr, Wednesday (mercoledì) di Odino (noto anche come Woden), Thursday (giovedì) di Thor e Friday (venerdì) di Frigg.

787. I guerrieri vichinghi erano chiamati "berserker". Indossavano pelli di animali e ululavano quando andavano in battaglia.

788. I vichinghi sciavano per divertimento e veneravano il dio e la dea dello sci: Ullr e Skadi.

789. Facevano la pipì sul legno per accendere il fuoco.

790. I vichinghi seppellivano i loro cari su barche.

Antica Cina

791. L'Esercito di terracotta è una famosa collezione di 8.000 statue a grandezza naturale rinvenute in Cina.

792. Le statue hanno circa 2.000 anni.

793. Nell'antica Cina si usavano gli aquiloni per misurare le distanze.

794. I re cinesi erano chiamati imperatori.

795. Una famiglia regnante era chiamata dinastia e poteva governare per secoli.

796. La carta fu inventata durante la dinastia Han.

797. La Grande Muraglia cinese è la più lunga del mondo. Si estende per 21.000 chilometri.

798. Fu costruita per impedire a eventuali invasori di entrare nell'Impero cinese.

799. La bussola magnetica è stata inventata in Cina oltre 2.000 anni fa. Era fatta di una pietra magnetica chiamata lodestone.

800. Puntava sempre verso sud, per questo era chiamata "pesce che punta a sud".

Le due guerre mondiali

801. La Prima guerra mondiale durò poco più di 4 anni e 3 mesi, tra il 1914 e il 1918.

802. Tutto iniziò con l'assassinio dell'arciduca d'Austria Francesco Ferdinando.

803. L'11 novembre di ogni anno, in occasione della Giornata della Memoria, la gente indossa papaveri rossi. È un giorno per ricordare e onorare tutti coloro che hanno combattuto in guerra.

804. La Seconda guerra mondiale fu un grande conflitto tra gli Alleati e l'Asse.

805. Gli alleati erano Gran Bretagna, Francia, Russia, Cina e Stati Uniti. L'Asse comprendeva Germania, Italia e Giappone.

806. Alcuni Paesi rimasero neutrali, come Svezia, Spagna e Svizzera.

807. La Seconda guerra mondiale iniziò quando Adolf Hitler e il suo partito nazista invasero la Polonia. La Francia e la Gran Bretagna intervennero per fermarla e dichiararono guerra alla Germania due giorni dopo.

808. L'America entrò in guerra nel 1941, quando il Giappone attaccò la base navale di Pearl Harbor. Il giorno successivo, gli Stati Uniti dichiararono guerra al Giappone e ai Paesi dell'Asse.

809. L'8 maggio 1945 la Germania si arrese e la Seconda guerra mondiale finì. È durata 6 anni e 1 giorno.

810. Di tutte le vittime della Seconda guerra mondiale, milioni erano ebrei. Il loro genocidio è noto come Olocausto.

Selvaggio West

811. Il Far West americano era noto anche come Frontiera americana.

812. Durante l'espansione verso ovest, molte culture native americane furono cacciate dalle loro terre.

813. Il Pony Express era un servizio di consegna della posta a cavallo che viaggiava da un lato all'altro degli Stati Uniti.

814. Ci volevano dieci giorni per consegnare una lettera da una parte all'altra degli Stati Uniti.

815. Nel 1860, 175.000 persone si trasferirono in California alla ricerca dell'oro.

816. La corsa all'oro ebbe inizio nel 1848.

817. A metà del XIX secolo, venne creato l'U.S. Camel Corps, un esperimento dell'esercito che tentava di utilizzare i cammelli come animali da soma nel selvaggio West.

818. Ogni città aveva uno sceriffo.

819. Fu in questo periodo che venne realizzato il primo cappello da cowboy.

820. I criminali del Far West erano conosciuti come fuorilegge.

Natale

821. Di solito il Natale si celebra il 25 dicembre, ma in Russia e in altri Paesi ortodossi si festeggia il 7 gennaio.

822. I biglietti e i regali di Natale risalgono all'epoca vittoriana (nel 1800).

823. I primi alberi di Natale sono apparsi in Germania nel XVI secolo. Decoravano gli abeti con frutta e noci.

824. Ogni anno la Norvegia invia a Londra un albero alto 20 metri, che viene decorato con luci a Trafalgar Square. È un segno di ringraziamento per l'aiuto ricevuto durante la Seconda guerra mondiale.

825. Santa Claus deriva da "Sinterklaas", nome olandese di San Nicola, patrono dei bambini.

826. I cracker natalizi sono delle decorazioni festose che contengono una piccola sorpresa e producono un suono forte e scoppiettante quando vengono tirati da due persone.

827. In Italia si dice che la notte del 6 gennaio una strega gentile chiamata Befana voli a cavallo di una scopa consegnando giocattoli.

828. In Islanda, i bambini lasciano le scarpe sotto la finestra per 13 troll chiamati Yule Lads.

829. Se sono stati bravi, il giorno dopo troveranno dolci e regali nelle loro scarpe, se sono stati cattivi... una patata!

830. "Jingle Bells" era originariamente cantata durante il Giorno del Ringraziamento!

Fatti Bonus

831. I Maya adoravano i tacchini come divinità.

832. Una volta Napoleone fu attaccato da centinaia di conigli.

833. Accadde durante una battuta di caccia, quando uno dei suoi servi, invece di acquistare lepri, comprò dei coniglietti. Pensavano che Napoleone li avrebbe sfamati e per questo non scapparono.

834. Nel XIII secolo, il Papa dichiarò guerra ai gatti.

835. Abraham Lincoln è stato un barista con licenza, un campione di wrestling e un presidente degli Stati Uniti.

836. Contrariamente a quanto si crede, Thomas Edison non ha inventato la lampadina, l'ha solo perfezionata.

837. Gli storici ritengono che ci siano più di 20 persone che hanno inventato indipendentemente una lampadina prima di lui.

838. Walt Disney non ha disegnato Topolino, si è occupato solo della sua voce e della sua personalità.

839. La Monna Lisa non ha le sopracciglia.

840. All'inizio, le forchette erano considerate offensive in quanto "mani artificiali".

Capitolo 10:

L'OCEANO

I nostri mari

841. L'oceano più profondo è l'Oceano Pacifico.

842. La Fossa delle Marianne è il punto più profondo. Si trova a una profondità di circa 11.00 metri.

843. Sotto il mare si trova la catena montuosa più lunga del mondo: la dorsale medio atlantica. È lunga circa 12.000 chilometri.

844. L'oceano ha vortici enormi che risucchiano le cose come un aspirapolvere!

845. Sul fondo dell'oceano ci sono fratture da cui fuoriesce acqua calda, chiamate sorgenti idrotermali.

846. La cascata più grande della Terra si trova sotto l'oceano.

847. Il suono più forte mai registrato è stato chiamato il "Bloop". Gli scienziati pensano che sia stato causato da un terremoto di ghiaccio o da un iceberg che ha colpito il fondale marino molto al largo.

848. Circa 6 milioni di anni fa, il mar Mediterraneo si prosciugò completamente e tornò di nuovo a riempirsi d'acqua quasi un milione di anni dopo.

849. Se tutti i ghiacci dell'oceano si sciogliessero, il mare si innalzerebbe di 70 metri. Ciò significa che potrebbe sommergere un edificio di 26 piani sulla spiaggia!

850. Ogni anno 7 milioni di tonnellate di plastica finiscono negli oceani.

Correnti

851. Le correnti oceaniche sono movimenti degli oceani e dei grandi mari causati dalla rotazione della Terra.

852. Le correnti si muovono in senso orario nell'emisfero settentrionale e in senso antiorario in quello meridionale. Puoi vederlo a casa quando fai la doccia: da che parte l'acqua scende nello scarico?

853. La corrente più grande del mondo è il Global Conveyor Belt.

854. Questa corrente è così lenta che impiega 1.000 anni per compiere un giro completo del mondo.

855. Le onde portano l'acqua dell'oceano sulla spiaggia e le correnti la riportano indietro.

856. Una di queste correnti si chiama risacca e riporta l'acqua verso il mare al di sotto delle onde.

857. Un altro tipo di corrente, chiamata corrente di ritorno, è molto più forte e più stretta.

858. Le correnti di ritorno si formano in punti calmi in cui le onde non si infrangono, formando stretti corridoi d'acqua che ritornano al mare. Visti dall'alto sembrano fiumi che sfociano nel mare.

859. Le correnti di ritorno possono risucchiare una persona in mare!

860. Le correnti di ritorno sollevano la sabbia, quindi se vedi l'acqua torbida e marrone, stai lontano.

Onde

861. Il vento sulla superficie dell'oceano solleva le onde.

862. L'onda più alta mai misurata è di 525 metri a Lituya Bay, in Alaska. È alta 175 piani!

863. Ogni 6 ore circa si verifica una variazione del livello del mare. Questi cambiamenti sono chiamati maree.

864. Quando il livello del mare è alla massima altezza si parla di alta marea, mentre quando è alla minima si parla di bassa marea.

865. Le maree sono causate dalla forza di gravità che esiste tra la Terra, il Sole e la Luna.

866. Quando le onde si infrangono sulla spiaggia si chiamano "frangenti".

867. Si è tentati di nuotare dove l'acqua è più calma, ma attenzione, lì è dove spesso si trovano le correnti di ritorno!

868. A volte in mare aperto appaiono onde enormi senza sapere da dove provengono e sono molto pericolose per le navi. Si chiamano onde anomale.

869. Quando grandi quantità di acqua vengono spostate, per esempio, dall'effetto di un terremoto o di una frana, il risultato sono onde gigantesche chiamate tsunami.

870. Gli tsunami non si verificano solo nel mare, ma anche nei laghi di grandi dimensioni.

Vita marina

871. Il kelp è un tipo di alga in grado di crescere di un metro al giorno.

872. Il kelp forma foreste sottomarine nei mari poco profondi.

873. Il corallo è un animale, non una pianta o una roccia.

874. I polpi hanno il sangue blu.

875. I delfini e le balene usano il suono per trovare le loro prede. Emettono suoni e ascoltano l'eco che producono per formare nella loro testa un'immagine di ciò che li circonda.

876. I nudibranchi sono le lumache di mare più colorate e dalle forme più strane.

877. Il corallo produce da sé la propria protezione solare. È una sostanza fluorescente che blocca l'effetto nocivo della luce solare.

878. Alcune balene non hanno i denti, ma grosse setole all'interno della bocca chiamate fanoni.

879. I calamari giganti hanno gli occhi più grandi del mondo. Hanno le dimensioni di un pallone da calcio!

880. La creatura marina più velenosa è la medusa scatola, ma non ha un comportamento aggressivo.

Isole

881. Un gruppo di isole è chiamato arcipelago. Le Filippine ne sono un esempio.

882. In inglese le piccole isole sono spesso chiamate *cay*, *key* o *islet*.

883. L'isola più grande del mondo è la Groenlandia.

884. Alcune isole sono state costruite dall'uomo, come l'aeroporto del Kansai in Giappone.

885. Le più grandi isole artificiali sono visibili dallo spazio, come le tre Palm Islands situate lungo la costa di Dubai.

886. Madagascar non è solo un film, ma un'isola reale al largo delle coste africane.

887. Le isole oceaniche sono molto lontane dalla terraferma e spesso sono vulcani.

888. Nel mondo ci sono oltre 100.000 isole.

889. Alcune isole, come l'isola di Fraser vicino all'Australia, sono fatte solo di sabbia e si spostano con l'oceano.

890. Chi è bloccato su un'isola si chiama naufrago.

Naufragi

891. Nel mondo ci sono circa tre milioni di relitti.

892. L'Invincibile Armata era una flotta spagnola di 130 navi inviata a invadere l'Inghilterra. La maggior parte di esse naufragò sulle coste della Scozia e dell'Irlanda.

893. Quello del RMS Titanic è probabilmente il naufragio più famoso.

894. Il Titanic colpì un iceberg durante la sua prima uscita in mare.

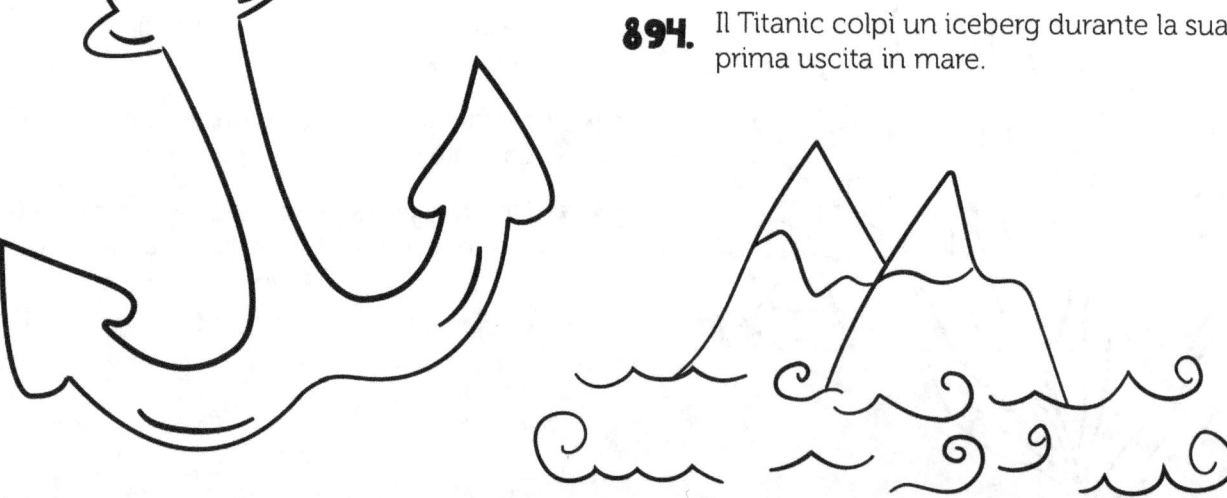

Fatti Bonus

895. La nave passeggeri che salvò i sopravvissuti del Titanic, chiamata Carpathia, fu distrutta da un sottomarino tedesco durante la Prima guerra mondiale.

896. Nel 1956, l'Andrea Doria e la MS Stockholm si scontrarono, ma solo l'Andrea Doria affondò e oggi è uno dei luoghi più popolari per le immersioni subacquee.

897. L'Andrea Doria è conosciuta come il monte Everest delle immersioni subacquee.

898. Nel XVII secolo, la marina svedese costruì la sua migliore nave da guerra, il Vasa, che però affondò meno di 300 metri dopo essere salpata.

899. Qualche tempo dopo, iniziarono a cercare un modo per far riemergere la nave. Infine, il vascello fu completamente recuperato e tornò in superficie 333 anni dopo essere affondato.

900. La nave era quasi intatta perché l'acqua non era molto salata e con pochi molluschi che divorano il legno, così oggi può essere ammirata in Svezia nel museo che porta lo stesso nome.

901. Gli squali lanterna ninja hanno la testa luminosa e sono stati scoperti solo nel 2010.

902. L'oceano è buio pesto (per gli occhi umani) sotto i 200 metri.

903. Non è possibile vedere il rosso o il giallo a una profondità superiore ai 10 metri.

904. Il punto dell'oceano più lontano da una costa si trova nell'Oceano Pacifico meridionale ed è chiamato punto Nemo o polo oceanico dell'inaccessibilità.

905. L'azoto presente nell'aria delle bombole subacquee fa sì che alcuni sub provino un senso di vertigine a una profondità di 30 metri.

906. Gli orsi polari sono considerati mammiferi marini perché trascorrono quasi tutta la loro vita dentro e intorno al mare nell'Artico.

907. Gli orsi polari sono i più grandi carnivori terrestri. Il loro peso è di circa 800 chilogrammi, pari a quello di 10 uomini!

908. Il pesce palla contiene una quantità di tossine tale da far ammalare gravemente 30 persone.

909. Ci sono pesci che riescono a sopravvivere nell'acqua ghiacciata senza che il loro sangue si congeli.

910. Gli scienziati ritengono che la maggior parte delle specie marine non sia ancora stata scoperta, poiché è stato esplorato meno del 10% degli oceani.

Capitolo 11:

LE PIANTE

Piante commestibili

911. Si conoscono più di 80.000 specie di piante commestibili.

912. Un gruppo di banane si chiama "mano", quindi una singola banana è un "dito".

913. Questo perché il termine "banana" deriva da una parola araba che significa dito.

914. Un gruppo di mani che crescono insieme è chiamato "casco". Un casco di banane può avere fino a 20 mani.

915. Il nome scientifico dell'albero da cui proviene il cioccolato significa in greco "cibo degli dei".

916. La lattuga è originaria dell'area mediterranea e viene consumata da così tanto tempo che compare persino nei dipinti egizi.

917. Cesare Augusto, un imperatore romano, era convinto di aver superato una grave malattia mangiando lattuga e si fece fare una statua di lattuga.

918. Non solo i frutti o le foglie di una pianta sono commestibili, ma anche i fiori.

919. Nell'antichità i ravanelli venivano utilizzati come antidoto ai veleni e per conciliare il sonno.

920. Del dente di leone non si butta via niente: gli steli, le foglie e i fiori possono essere mangiati crudi in insalata e le radici possono essere macinate per preparare il tè.

921. Ogni pianta di cavolfiore può produrre un solo cavolfiore.

922. Esistono più di 300 tipi di fagioli, che possono essere bianchi, neri, marroni, rossi o di colori misti.

923. Mais, riso e grano sono le colture più importanti a livello mondiale.

924. Oltre ai cereali, le patate sono l'alimento più coltivato al mondo.

925. Quando si parla di piante commestibili di solito si pensa solo a quelle che crescono sulla terraferma, ma anche piante acquatiche come le alghe vengono mangiate.

Fiori

926. Esistono 270.000 specie di piante da fiore.

927. Di tutte queste, 35.000 sono diversi tipi di rose.

928. Anche le orchidee sono un gruppo di piante molto grande, con circa 20.000 varietà diverse.

929. Durante il 1600 i tulipani erano più preziosi dell'oro.

930. Quando mangiamo il cavolfiore, in realtà stiamo mangiando i fiori della pianta, non si tratta di un ortaggio.

931. I fiori commestibili possono essere molteplici, come le viole del pensiero, la camomilla o i fiori di zucca, e possono essere consumati crudi, cotti o come infuso.

932. In generale, le piante crescono e fioriscono alla luce del sole. Tuttavia, ci sono alcuni fiori che si aprono solo di notte.

933. Questo accade perché i responsabili dell'impollinazione sono animali notturni, come falene o pipistrelli.

934. Il fiore più grande del mondo è largo quasi 90 centimetri e pesa 11 chilogrammi. Quanto un bambino di cinque anni!

935. Il fiore di loto è considerato sacro ed è un simbolo di purezza per il buddismo.

936. L'oleandro, un arbusto con fiori bianchi e rosa, è considerato la pianta più velenosa del mondo.

937. Tuttavia, il suo sapore è talmente sgradevole sia per l'uomo che per gli animali che raramente si verificano avvelenamenti.

938. La "regina delle Ande" può impiegare fino a 150 anni per produrre un fiore, ma ne vale la pena perché può misurare fino a 15 metri.

939. L'orchidea fantasma è così chiamata perché non ha quasi nessun colore, non ha foglie e trascorre la maggior parte della sua vita sottoterra. Spunta solo per fare piccoli fiori bianchi.

940. I cactus non hanno solo spine, ma anche fiori. Alcuni di questi sono tra i più grandi, rari e belli del mondo.

Alberi

941. Gli alberi sono gli esseri viventi più antichi del pianeta.

942. Il 30% dell'ossigeno che respiriamo è prodotto dagli alberi.

943. Il Brasile prende il nome da un albero conosciuto come legno di pernambuco (*brazilwood*).

944. L'albero più pesante, un pioppo tremulo, pesava 6.000 tonnellate. Quasi quanto la Torre Eiffel!

945. L'albero più alto misurava 133 metri ed era un eucalipto australiano, ma è stato abbattuto decenni fa.

946. L'albero più alto ancora in piedi è una sequoia che misura 115 metri.

947. Alcuni alberi inviano segnali chimici alle vespe quando i bruchi li stanno mangiando. Le vespe si precipitano e attaccano i bruchi.

948. L'albero più vecchio del mondo ha quasi 5.000 anni e si trova negli Stati Uniti.

949. Gli alberi vicini creano connessioni tra le loro radici per condividere le sostanze nutritive.

950. Condividono anche piccoli segnali elettrici per "avvertirsi" di eventuali pericoli.

951. In India esiste un'intera foresta composta da un solo albero. Ed è grande come tre campi da calcio!

952. Si tratta di un albero conosciuto come banyan che cresce dall'alto verso il basso, a differenza di tutti gli altri.

953. I semi di banyan germogliano in cima ad altri alberi e le loro radici diventano tronchi e crescono fino a terra.

954. Venezia, in Italia, è stata costruita su una laguna in cui sono stati inseriti migliaia di tronchi d'albero per dare stabilità agli edifici. Un'intera foresta sotterranea.

955. Esiste una specie di eucalipto che ha naturalmente la corteccia color arcobaleno.

Semi

956. La dimensione dei semi non è correlata a quella della pianta a cui daranno origine.

957. Le sequoie, gli alberi più grandi del mondo, nascono da semi piccoli 2 millimetri.

958. Ogni girasole ha tra i 1.000 e i 1.400 semi.

959. Il cioccolato è fatto con il cacao, che è il seme dell'albero del cacao e cresce all'interno di un baccello.

960. Anche i fagioli, come i piselli o i ceci, sono semi che crescono in baccelli.

961. Il pompon bianco del dente di leone non è in realtà il suo fiore, bensì i suoi semi.

962. Ha quei piccoli peli bianchi perché sono pronti a essere spazzati via dal vento e a volare lontano.

963. Le arachidi crescono sottoterra.

964. Anche se sono così grandi, le noci di cocco non sono altro che i semi delle palme da cocco.

965. Alcune noci di cocco possono galleggiare in mare per molti chilometri finché non raggiungono la spiaggia, dove crescono fino a diventare una palma.

966. Ci sono semi che possono sopravvivere agli incendi, anche se il resto della pianta viene bruciato.

967. I semi in grado di resistere al calore del fuoco sono noti come pirofiti.

968. Nelle zone con incendi frequenti ci sono semi che si sono adattati e che hanno bisogno del calore per aprire i baccelli.

969. Il processo attraverso il quale un seme si apre e inizia a formarsi una pianta è noto come germinazione.

970. Il seme più antico mai germogliato è un fiore di loto di 1.300 anni fa.

Erbe e Spezie

971. Le erbe sono piante fresche utilizzate per insaporire i cibi, mentre le spezie sono parti essiccate e macinate di queste piante. Questa è la differenza.

972. Molte piante che di solito consideriamo spezie sono in realtà erbe aromatiche, come il prezzemolo o il basilico.

973. Il coriandolo è noto anche come prezzemolo cinese.

974. Esistono più di 50 tipi di basilico.

975. La cannella è la corteccia interna essiccata dell'albero della cannella e può essere utilizzata sia in bastoncini che macinata.

976. La citronella è un repellente naturale per le zanzare.

977. Il cumino era già utilizzato nella valle del Nilo in Egitto più di 400 anni fa.

978. In alcuni luoghi, la curcuma è conosciuta come "la madre di tutte le spezie".

979. Se si mescola la curcuma con il latte caldo, si ottiene un potente antisettico per piccoli tagli o graffi.

980. Nell'antico Egitto l'aglio era considerato una pianta sacra.

981. Il rosmarino, fresco o secco, non si usa solo per cucinare, ma in infusione può aiutare a calmare la tosse.

982. Una leggenda greca vuole che il timo sia nato dalle lacrime di Elena che, fuggendo con Paride, scatenò la guerra di Troia.

983. Menta, timo e salvia appartengono alla stessa famiglia.

984. Nell'antica Grecia l'origano era considerato la pianta della felicità.

985. Sebbene la paprika sia utilizzata in tutto il mondo, ha origine in Messico ed è stata portata in Europa da Cristoforo Colombo.

Fatti Bonus

986. La botanica è la parte della biologia che studia tutto ciò che riguarda le piante.

987. "Verdura" è un termine culinario, quindi dal punto di vista botanico molte verdure sono in realtà frutti.

988. Quasi 20.000 specie diverse di piante sono utilizzate come medicinali.

989. Il bambù è il tipo di erba legnosa che cresce più rapidamente al mondo.

990. Le piante non amano il rumore umano e rispondono alla musica.

991. Una pianta chiamata "pianta dei suicidi" ha una puntura così dolorosa che può durare alcuni anni.

992. Esistono piante carnivore che si nutrono di piccoli insetti.

993. Il meccanismo di cattura delle prede può variare da trappole a scatto, a setole appiccicose o a tubi scivolosi.

994. Le piante sono in grado di riconoscere le altre piante che le circondano e sono meno competitive se appartengono alla stessa specie.

995. Questo fenomeno è noto come altruismo e induce le piante a condividere le risorse, come le sostanze nutritive o la luce solare.

996. Gli scienziati sono riusciti a riportare in vita una pianta di 30.000 anni fa grazie ai semi trovati nello stomaco di uno scoiattolo congelato in Siberia.

997. In Inghilterra esiste un giardino dedicato esclusivamente a piante velenose molto pericolose.

998. Il caffè spaventa e paralizza gli insetti che cercano di mangiarlo.

999. Si chiama "associazione di colture" piantare tipi diversi di piante che si aiutano a crescere.

1000. I nativi americani hanno creato questa associazione di colture: il mais per fornire ombra, i fagioli per apportare azoto al terreno e la zucca da spargere sul terreno per impedire la crescita delle erbacce.

CONCLUSIONI

Congratulazioni per essere arrivato alla fine di Fatti per Bambini! Spero che tu ti sia diverto molto e abbia imparato 1000 cose nuove.

Ricorda che ci sono ancora molte curiosità da scoprire, quindi se qualcosa ha attirato la tua attenzione, non esitare e inizia le tue ricerche. I fatti migliori sono ancora là fuori che ti aspettano e potresti scoprire cose sorprendenti come, ad esempio, che sul nostro pianeta ci sono un milione di formiche per ogni persona!

Ecco un fatto bonus: condividi le curiosità più divertenti con tutti i tuoi amici e parenti, così che possano divertirsi quanto te!